侯建明　著

中国流动人口经济融入问题研究

RESEARCH ON
ECONOMIC INTEGRATION OF
MIGRANT POPULATION IN CHINA

社会科学文献出版社
SOCIAL SCIENCES ACADEMIC PRESS (CHINA)

摘 要

随着社会经济的不断发展，我国流动人口的规模和结构都发生了巨大变化。特别是进入21世纪以来，不同年龄段的流动人口在文化观念、行为等多方面都出现了一些明显不同的群体特征，这些特征直接或间接地影响着其流动决策。就业已经逐渐成为流动人口发生迁移流动现象的决定性因素，即获得工作岗位和一定的收入，才能在此基础上做出在城市的居住条件、聚集方式和社会交往模式的其他选择。随着我国城镇化进程的不断推进，农业户籍流动劳动力已成为城市就业市场不可或缺的组成部分，但同时城－城流动的人口规模也日益增加。无论从城镇到城镇的流动还是从农村到城镇的流动，流动人口的就业与失业、收入与消费等一系列社会经济融入问题都引起了国内外学者的广泛关注。本书采用的数据是2013年国家卫生和计划生育委员会的流动人口动态监测数据，在阅读关于流动人口的相关文献的基础上，对流动人口生活状况和社会经济融入问题进行梳理，采用文献研究与调查研究相结合的方式，同时运用数学统计的方法，利用SPSS统计分析软件把2013年全国动态监测数据进行处理及分析，进而揭示出我国流动人口的一些数量特征，在掌握这些数量关系和数量变化的基础上，探究我国流动人口的生活经济状况。在研究就业状况中，分别以流动人口就业状态、职业选择及就业身份为因变量，以人口学特征、流动特征和社会特征三个维度中的相关因素为自变量，分别进行多元Logistic回归分析，以探讨流动人口就业的影响因素。在我国流动人口收入状况和家庭消费水平的影响因素分析中，以流动人口收入水平为因变量，以年龄和受教育程度的有序变量为协变量，以人口学特征、流动特征和社会经济特征三个维度中的相关因素为因子变量，分别进行多元 Logistic 回归分析，以探讨流动人口收入水平和家庭消费水平的影响因素。综上所述，分析我国流动人口就业状况及其影响因素，不仅有利于我国政府部门制定相关政策，完善流动人口基本公共服务体系，提高流动人口的社会融入感，还有利于促进流动人口就业，提高流动人口及其家庭的收入，积极参与社会生产活动，充分利用农村剩余劳动力，为经济社会发展做出贡献。

Abstract

With the continuous development of social economy, the size and structure of the migrant population in China has changed dramatically. Especially since the 21st century, there are some obvious population characteristics between different age groups of the migrant population in cultural concept and behavior and so on, which directly or indirectly influences their migrant decisions. Whether has been employed has become the decisive factor in migrant population migration—Only by getting job and income could they make other choices besides living conditions of the city, ways of gathering and social interaction pattern. With the advancement of urbanization in our country, the migrants with agricultural household registration has become an integral part of the job market, but at the same time the urban-urban migrant population size has also been growing. Both flow from town to town and flow from rural to urban, migrant population's employment and unemployment, income and consumption as well as a series of social and economic problem has caused widely attentions of scholars both at home and abroad. This book uses dynamic monitoring data of the migrant population by National Health and Family Planning Commission in 2013. On the basis of reading literatures about migrant population, we sort out the living condition of migrant population and the social economic integration problems. Adopting the way of combining literature research and investigation, at the same time, using the method of mathematical statistics and SPSS software to analyze the

2013 national dynamic monitoring data, so that we could reveal some mathematic characteristics of the migrant population. Based on these characteristics, we could explore the life and economic condition of migrant population. In the study of the employment, we set up multivariate logit regression analysis, which includes dependent variable of the migrant population employment, occupational choice, employment status and independent variable of the concerning factor of demographic feature, flow characteristics, social characteristics, to explore the influencing factor of migrant population employment. In the analysis of influencing factor of migrant population and household consumption level, we set the income of migrant population as dependent variable, ordered variable of age and level of education as covariate, the concerning factor of demographic feature, flow characteristics, social characteristics as the factor variable, to explore the influencing factor of income of migrant population and household consumption level. To sum up, analyzing the migrant population employment and its influencing factors can promote the employment of migrant population increase their income, let them participate in social production positively, and make the most of surplus rural labor force, which makes contribution to economic development. Likewise, it could also help the government to formulate policies to improve our country's basic migrant population public service system as well as to enhance the sense of social integration among migrant population.

目录

第一章　绪论

第一节　研究背景及意义

一　研究背景

进入21世纪以来，随着全球经济一体化的不断发展，我国也继续积极推进改革开放，经济社会发展取得了巨大成就。人口问题一直是影响我国社会经济发展的主要问题之一，与21世纪以前相比，21世纪我国人口无论是数量方面还是结构方面都发生了很大变化，人口方面也面临新的挑战。20世纪80年代中期，社会已经开始广泛关注人口与劳动力的流动问题，1990年第四次人口普查中就涉及迁移人口的统计，包括1985年7月1日至1990年7月1日期间实现了1年以上迁移的人口。2010年第六次全国人口普查数据显示，我国流动人口数量已突破2亿人，达到22143万人。人口普查或抽样调查数据显示，流动人口在总人口中的比例逐年增加，2000年第五次人口普查时为7.9%，2005年全国1%人口抽样调查时为11.27%，2010年第六次人口普查时达到了16.49%，1982～2010年的28年时间内，全国流动人口规模从660万人增加到2.21亿人，增长了32.5倍。流动人口占全国人口的比重由0.66%提升到16.49%，上升了近16个百分点[①]。改

① 段成荣、吕利丹、邹湘江：《当前我国流动人口面临的主要问题和对策——基于2010年第六次全国人口普查数据的分析》，《人口研究》2013年第2期，第17～20页。

革开放三十多年来，我国流动人口规模迅猛增长，《中国流动人口发展报告2013》显示，2012年我国流动人口数量达2.36亿人，相当于每6个人中有一个是流动人口。由此可见，大规模、跨地区的人口流动已经成为我国社会经济转型以及城市化推进过程中的必然趋势，同时这也为各级政府如何满足新形势下流动人口管理和服务的迫切要求带来了巨大的挑战①。

二 研究意义

许多研究显示，新生代流动人口和老一代流动人口在文化观念、行为等方面都出现了一些明显不同的群体特征，这些特征又直接或间接地影响着他们的流动决策。就业已经逐渐成为流动人口发生迁移流动现象的决定性因素，即获得工作岗位和必要的收入，才能在此基础上做出他们在城市的居住条件、聚集方式和社会交往模式的其他选择。随着我国城镇化进程的不断推进，农业户籍流动劳动力已成为城市就业市场不可或缺的组成部分，但他们的失业问题一直未受到重视。以往研究认为流动人口就业机会多、工资要求低、流动性较强，因此流动人口不存在失业问题。很多政策制定者和研究者也常常假定流动劳动力都是就业人口；即使他们失业，也会回到农村种地，因此失业对于流动人口（劳动力）来说，基本是不存在的，但这种情况在进入21世纪后已经发生了很大变化，一方面是城镇化过程中土地的征收使得许多农民已无地可种，失地农民除了在城市打工外，别无谋生出路；另一方面是即使在农村有土地，但仅仅依靠耕种土地从事农业生产活动获得的报酬相对较少，务工收入已经成为农村家庭最重要的经济来源。大规模的流动人口为我国的社会经济发展做出了巨大的贡献，同时，流动人口的生存发展状况

① 陈双德：《流动人口的就业状况及其影响因素分析——基于2012年江苏省流动人口动态监测数据结果》，南京大学博士学位论文，2013。

也是一个不容忽视的问题。其中，流动人口的收入状况是反映流动人口生存状况的一个重要方面。流动人口与本地居民相比，收入偏低，同时又无法享有与本地居民同等的福利待遇，这使得流动人口在流入地的生活水平与他们在户籍地的水平相比无法得到实质性的提高，这显然与流动人口迁移流动的动机不相符合。随着我国社会经济的快速发展，人们的物质生活得到了很大的满足，我国流动人口的消费水平也发生了巨大变化。由于我国流动人口的规模日益扩大，以及我国新型城镇化建设的不断完善和构建和谐社会的需要，改善流动人口生活质量，加快流动人口城市融入的步伐，提升流动人口消费水平对经济发展的推动作用也显得十分重要。

随着我国流动人口规模的日益扩大，流动人口已经成为我国改革开放以来变化最突出、最明显的人口现象之一。对我国现阶段来说，流动人口问题的研究具有重要的现实意义，而流动人口经济融入状况是解决流动人口问题的前提条件，是社会转型和人口转变过程中所面临的焦点问题。了解我国流动人口经济融入状况及其影响因素，不仅能够加深流动人口自身和全社会对流动人口的认识，而且为完善我国流动人口公共服务均等化和政府部门制定促进流动人口融入的公共政策提供了坚实的科学理论和实证依据。

第二节　研究内容、方法及数据来源

本书把我国流动人口作为研究对象，在人口迁移理论、就业理论和收入与消费理论的基础上，运用实证分析的方法分析人口学特征、社会经济特征和流动特征对流动人口就业、收入和消费方面的影响，并深入分析流动人口在就业和收入方面存在的主要问题及对策建议。主要研究内容包括以下几个部分：第一部分为第一章和第二章，主要论述了研究背景及意义，研究方法和数据来源，以及国内外的研究现状，并对主要观点和结论进行梳理，同时对本研究中涉及的主要概念进行界定，并对人口迁移、就业等相关理论进行介绍，以为本书奠定理论基础；第二部分为第三章，主要内容为在对我国流动人口的规模变化情况进行分析的基础上，根据数据进行交叉表分析，分别对我国流动人口的人口学特征、社会经济特征和流动特征进行总结；第三部分为第四章和第五章，分别在对我国流动人口的就业状态、就业职业和就业身份进行分析的基础上，对影响我国流动人口就业的主要因素进行分析；第四部分为第六章，主要内容是对我国流动人口的收入状况进行分析，主要从家庭月收入和个人月收入两个方面进行分析，并利用统计分析软件对影响提高收入水平的主要因素进行回归分析；第五部分为第七章，主要内容是对我国流动人口的消费状况进行分析，分别从家庭月总支出、食品支出和租房支出三个方面进行分析，并对影响家庭月总支出的因素进行回归分析；第六部分为第八章和第九章，主要内容是根据前文的分析结果，对我国流动人口经济融入存在的主要问题进行梳理、总结，并针对问题提出相关的对策建议。

本书采用的数据是 2013 年国家卫生和计划生育委员会的流动人口动态监测数据，剔除缺失信息数据最终获得 198356 个有效样本，剔除未就业人口可获得就业有效样本 175163 个。本书将以有效样本数据为基础，分别对我国流动人口的经济融入的特征及影响因素进行深入分析。

第一，文献研究与调查研究相结合。在阅读关于流动人口的相关文献的基础上，对流动人口生活状况和社会经济融入问题进行梳理，主要根据 2000 年全国第五次人口普查数据和 2010 年全国第六次人口普查数据，以及 2013 年国家卫生和计划生育委员会的流动人口动态监测数据，对我国流动人口规模的变化情况、基本特点和反映基本生活状况的一些经济社会指标进行分析。

第二，定性研究与定量研究相结合。主要运用数学统计的方法，利用 SPSS 软件对 2013 年全国动态监测数据进行处理及分析，进而揭示出我国流动人口的一些数量特征，在掌握这些数量关系和数量变化的基础上，探究我国流动人口的生活经济状况。定量研究和定性研究可以互相提供支持和帮助，互相结合和借鉴，进而使研究结论具有客观性和全面性。

第三，跨学科的研究方法。流动人口的社会经济融入问题本身就属于交叉学科的研究范畴，本书也同样涉及多个学科、多个领域的研究，这也是本书的主要特点之一。

第三节 研究综述

一 关于流动人口就业

彭希哲、郭秀云（2007）认为，越是大城市，人口总量控制和再就业的压力就越大，越倾向于对外来流动人口就业进行紧缩和控制式管理①。韦小丽、朱宇（2008）提出就业情况与不同居留意愿之间具有密不可分的关系，不同居留意愿的流动人口在就业方面既存在共性，也存在特性，所面临的就业问题各异，对政府提供的公共服务的需求不一②。陈浩、杨晓军（2009）认为流动人口受教育程度低；就业培训投入力度不够；现有劳动力培训市场不规范③。王俊秋（2009）认为女性流动人口学历多集中在初中文化水平，且工资收入与学历无直接关系；从事加工制造业、服务业比例较高；工作时间长、待遇低；参保率低④。沈琴琴、张艳华（2010）阐述了产业结构调整对流动人口就业结构状况产生的影响，从而提出了流动人口就业存在的问题及对策⑤。另外，户籍制度形塑了二元劳动力市场，对外来人口的就业机会、就业

---

① 彭希哲、郭秀云：《权利回归与制度重构——对城市流动人口管理模式创新的思考》，《人口研究》2007 年第 4 期，第 3 ~ 8 页。

② 韦小丽、朱宇：《流动人口居留意愿与就业特征》，《南京人口管理干部学院学报》2008 年第 2 期，第 20 ~ 25 页。

③ 陈浩、杨晓军：《农民工就业培训调查分析》，《人口学刊》2009 年第 2 期，第 29 ~ 32 页。

④ 王俊秋：《山东省女性流动人口就业状况研究——以济南、青岛、德州女性流动人口为例》，《山东教育学院学报》2009 年第 5 期，第 19 ~ 21 页。

⑤ 沈琴琴、张艳华：《北京市产业结构调整下的流动人口就业结构研究》，《中共济南市委党校学报》2010 年第 4 期，第 9 ~ 12 页。

待遇以及就业保障的排斥与歧视导致外来劳动力通常从事最底层、最低级的工作，很难有机会进入较高层级的工作岗位（韦伟、傅勇，2004[①]；张智勇，2005[②]；王美艳，2005[③]；原新、韩靓，2009[④]）。

综上所述，了解我国流动人口就业状况及其影响因素，不仅有利于促进我国流动人口就业，提高流动人口及其家庭的收入，使其积极参与社会生产活动，充分利用农村剩余劳动力，为我国经济社会发展做出贡献；还有利于我国政府部门制定相关政策，完善我国流动人口基本公共服务体系，提高流动人口的社会融入感。

二　关于流动人口收入水平

国外学者对于流动人口问题的研究也不少。由于国外学者将流动人口和迁移人口不做区分，因此，本部分涉及的迁移人口就是本书所研究的流动人口。Becher（1975）在他的研究中指出：一般情况下，如果移民进入的是一个公开竞争的市场，则他们在迁入国的经济成就将主要取决于其人力资本水平[⑤]。人力资本通常是指劳动者受到教育、培训、实践经验、迁移、保健等方面的投资而获得的知识和技能的积累。Maurer Fazio 等（2004）的研究表明，城镇居民和流动人口之间收入差异的 75.11% 可以由特征差异得到解释，而教育可以解释两者收入差异的 52.15%[⑥]，这再一次强调了受教育水平对

---

① 韦伟、傅勇：《城乡收入差距与人口流动模型》，《中国人民大学学报》2004 年第 6 期，第 21 ~ 22 页。

② 张智勇：《从技术进步的视角再论就业优先的发展战略》，《中国人口科学》2005 年第 5 期，第 63 ~ 64 页。

③ 王美艳：《中国城市劳动力市场上的性别工资差异》，《经济研究》2005 年第 12 期，第 40 ~ 42 页。

④ 原新、韩靓：《多重分割视角下外来人口就业与收入歧视分析》，《人口研究》2009 年第 1 期，第 69 ~ 70 页。

⑤ Becher Gary, *Human Capital: A Theoretical and Empirical Analysis* (New York: National Bureu of Economic Research, 1975).

⑥ Maurer Fazio, Margaret, Ngan Dinh, "Differential Rewards to, and Contributions of, Education in Urban China's Segmented Labor Markets," *Pacific Economic Review*, Vol. 9, No. 3, 2004, pp. 173 – 189.

流动人口收入的重要性。Spilerman（1977）指出在某个组织的工作时间越长，其工资收入就越高[①]。Meng 和 Zhang（2001）在研究农村移民和城镇居民在收入上的差距时发现，婚姻状况与农村移民的收入存在正相关的关系，农村移民的教育回报率高于城镇居民的教育回报率[②]。Blau 和 Kahn（2000）认为：在西方社会中，种族和性别都是影响工资的重要因素[③]。Mincer（1989）根据研究结果指出：工资随工龄的增加先经历一段快速上升期，之后增幅减缓，到一定程度后持平并呈现下降趋势。工龄可以近似地理解为流动人口在流入地的连续工作时间[④]。

随着政府和学界对流动人口在流入地生存与发展状况的高度重视，作为个体社会经济地位重要标志、流动人口社会融入核心指标的收入水平，成为经济学、社会学、人口学等诸多学科关注的焦点。原新、韩靓（2009）在对 2008 年四大城市劳动力调查问卷资料整理的基础上，分析了农民工、外来市民和本地市民三个群体的工资差异，再利用回归分析，得出结论：受教育年限只对农民工和外来市民、竞争行业普通职员的工资有正向影响，受教育年限每提高一年，农民工和外来市民在该岗位的工资分别提高 1.04 倍和 1.06 倍[⑤]。杨菊华（2011）利用 2005 年全国 1% 人口抽样调查数据，借助描述性和模型分析方法，比较不同身份流动人口收入的现状、特点及影响因素，通过比较流动人口与本地市民，了解流动人口的相对收入水平，

① S. Spilerman, "Careers, Labor Market Structure, and Socioeconomic Achievement," *American Journal of Sociology*, Vol. 83, No. 3, 1977, pp. 551 – 593.

② Xin Meng, Junsen Zhang, 2001, "The Two-Tier Labor Market in Urban China," *Journal of Comparative Economics*, Vol. 29, No. 3, pp. 485 – 504.

③ Blau, Francine D., Lawrence M. Kahn, "Gender Differences in Pay," *The Journal of Economic Perspectives*, No. 14, 2000.

④ Mincer, J., *Schooling, Experience and Earnings* (New York: Columbia University Press, 1974); "Human Capital And the Labor Market: A Review of Current Research," *Educational Researcher*, Vol. 18, No. 5, 1989.

⑤ 原新、韩靓：《多重分割视角下外来人口就业与收入歧视分析》，《人口与经济》2009 年第 1 期，第 62 ~ 64 页。

通过比较城-城流动人口与乡-城流动人口，把握流动人口群体内的收入差异，分析了这两类群体在收入方面是城乡之别还是内外之别的作用更大，探寻流动人口收入融入的影响因素是否因户籍身份而异。他认为收入是个体社会经济地位的重要标志，是流动人口立足流入地的基础，是经济融入的关键、核心指标，并直接作用于其他维度的社会融入[①]。栾敬东（2003）认为现代社会的人口流动事实上是一个相互选择的过程，即一方面流入地对流入该地区的人口有一定的要求和选择，并非每一个人在任何地方都会被接纳；另一方面绝大多数流动人口又具有比较明确的流动目标，如目的地、职业和收入等，实际人口流动则是这种双向选择的结果。因而分析中国流动人口的基本社会特征及其对打工收入水平和移民倾向的影响状况，将为改革、完善现行的人口管理制度提供重要的决策依据。以往关于户籍制度对收入的影响的诸多研究基本上遵循的是工资差异分解模型的思路。然而，将外来人口和本地市民的工资收入差异进行分解，无法克服样本选择性与遗失关键变量带来的偏误[②]。魏万青（2012）基于中国家庭收入调查数据，采用新近发展的倾向得分匹配方法来控制样本选择偏误，并采用自抽样法（Bootstrap）进行统计推断，以克服小样本偏误，试图回答户籍限制对流动人口收入的影响。研究结果发现：户籍制度对流动人口收入影响非常显著，克服选择性偏误之后的负向效应要高于普通回归结果和代理变量回归结果；户籍限制对倾向得分较低的流动人口的收入效应是正向的，对倾向得分较高（能力较强）的流动人口产生负影响；这一不利影响随着市场化进程推进变得更显著[③]。邓曲恒（2007）认为在低收入和中等收入人群

① 杨菊华：《城乡分割、经济发展与乡-城流动人口的收入融入研究》，《人口学刊》2011年第5期，第3~10页。

② 栾敬东：《流动人口的社会特征及其收入影响因素分析》，《中国人口科学》2003年第2期，第82~85页。

③ 魏万青：《户籍制度改革对流动人口收入的影响研究》，《社会学研究》2012年第1期，第152~156页。

中，歧视是造成城镇居民和流动人口收入差距的主要原因。但就处于收入的条件分布最高端的10%的人群而言，流动人口与城镇居民之间的收入差距主要由特征效应所致，教育对城镇居民和流动人口的收入差异的贡献基本随着收入排序的提高而上升，而且这一趋势在工资收入的条件分布的高端更为明显。处于收入条件分布低端的流动人口通常是城镇劳动力市场的歧视对象。因此，取消职业和行业的进入限制，摒弃有意或无意的歧视性政策，能够提高这部分流动人口的工资收入水平。而就处于收入条件分布高端的流动人口而言，他们在城镇劳动力市场上得到了较为合理的待遇。但与低收入流动人口一样，他们也在获取城镇公共服务、城镇户口、子女受教育权利等方面受到了不公平的对待。以户籍制度改革为中心环节的歧视性政策的取消，将有助于这部分流动人口真正成为所在城市的一分子。从长远来看，发展农村教育，改善教育服务的数量和质量，对缩小工资收入差距至关重要①。夏伦（2014）基于北京市流动人口的调查数据，进行了流动人口收入与主观幸福感的关系研究，他认为，作为一个特殊的群体，流动人口幸福与否对于建设幸福社会具有重要意义，在影响幸福感的众多因素中，收入虽然不是唯一的影响因素，但收入对幸福依然起着基础的作用②。卢志刚、宋顺峰（2006）的研究也得出一样的结论：劳动者的户口登记类型是造成城市工和农民工收入差距的重要因素③。

流动人口的职业类型、职业角色（就业身份）和就业单位性质对其收入的影响往往是交织在一起的。高慧、周海旺（2007）以上海的实地调查问卷的抽样数据为依据，对影响上海市本地市

---

① 邓曲恒：《城镇居民与流动人口的收入差异——基于 Oaxaca-Blinder 和 Quantile 方法的分解》，《中国人口科学》2007 年第 2 期，第 8～12 页。

② 夏伦：《流动人口收入与主观幸福感的关系研究——基于北京市流动人口的调查数据》，《西华大学学报》（哲学社会科学版）2014 年第 3 期，第 105～107 页。

③ 卢志刚、宋顺峰：《农民工收入微观影响因素统计分析》，《现代财经》（天津财经大学学报）2006 年第 10 期，第 78～81 页。

民和外来市民收入的因素进行定量分析，结果显示，外来劳动力从事第一类职业的平均收入要比从事第二类职业的平均收入高，从事第三类职业的平均收入又比从事第二类职业的平均收入高①。严善平（2007）基于上海市外来劳动力及本地居民就业调查的有关数据，依据1995年调查结果进行分析，外来劳动力（此处可以视为流动人口）中单位负责人、专业技术人员以及办事人员等白领的工资水平比生产建设劳动者的高出许多，就连商业从业人员的工资水平也表现出了相同的倾向②。刘林平、张春泥（2007）在对珠江三角洲农民工问卷调查资料的回归分析的基础上，得出企业所有制性质对工人的工资没有显著的影响③。蔡昉、杨涛（2000）认为移民所在的行业、从事的职业会对他们的收入产生显著的影响④。

一般来说，流动人口在流入地连续工作时间越长，其获得高收入的可能性越大。韩靓、原新（2009）基于2006~2007年7个城市（广州、昆明、上海、沈阳、天津、威海、宜宾）的农民工调查问卷资料的回归分析，发现农民工连续工作时间越长，其收入的增长率就越高⑤。

三　关于消费水平

20世纪30年代，美国出现经济危机。在这一历史大背景下，经济学家在消费经济学这一领域做了诸多研究，并提出了他们的理论与观点。凯恩斯通过研究消费与收入之间的关系，得出消费随收入的增加

---

① 高慧、周海旺：《上海外来与本地劳动力收入差异及影响因素对比分析》，《人口与经济》2007年第S1期，第152~154页。

② 严善平：《人力资本、制度与工资差别——对大城市二元劳动力市场的实证分析》，《管理世界》2007年第6期，第12~13页。

③ 刘林平、张春泥：《农民工工资：人力资本、社会资本、企业制度还是社会环境？——珠江三角洲农民工工资的决定模型》，《社会学研究》2007年第6期，第135~137页。

④ 蔡昉、杨涛：《城乡收入差距的政治经济学》，《中国社会科学》2000年第4期，第20~22页。

⑤ 韩靓、原新：《我国农民工收入增长因素的实证分析》，《人口学刊》2009年第1期，第41~43页。

而逐步增加的观点，并在此基础上建立了绝对收入假说理论①。之后，库兹涅茨运用时间序列分析方法来验证这一假说。他认为居民的消费倾向是比较稳定的，并不会随着收入的增加而发生明显的改变。他的这一论断被称为“库兹涅茨悖论”②。针对绝对收入假说，杜森贝利提出了相对收入假说。他认为居民的消费支出不仅受到周围消费环境的影响，还受到自己以往的消费水平的影响③。莫迪利尼亚提出生命周期假说。他认为消费与人口的年龄结构有很大关系④。弗里德曼提出持久收入假说。他认为居民现期的收入不影响居民消费，居民的长期收入影响消费，这种长期收入包含未来收入⑤。霍尔建立随机游走假说。他认为实际可支配收入对消费没有预测能力，否认了前期诸多学者的消费理论⑥。这些理论都论证了收入与消费之间的关系，是当今学者研究消费这一主题的理论基础。

在流动人口消费的研究方面，主要有流动人口消费行为特征、影响因素、流动人口家庭消费等方面。

在流动人口消费行为特征方面，胡若痴（2012）认为，流动人口的年龄、职业、贫富程度不同，消费特征存在差异⑦。孙华、陈力勇（2014）认为，流动人口的消费有别于城镇居民，以生存型消费为主，他们收入水平低且不稳定，部分人追求发展型和享乐型消费，消费模式上除网购外，大型超市是主要采购场所，他们

---

① Keynes J. M., *The General Theory of Employment, Interest and Money* (London: Macmillan Publishing Co., 1936).

② Kuznets S., "Uses of National Income in Peace and War," NBER, March 1942.

③ Duesenberry J. S., Income, *Savings and the Theory of Consumer Behavior* (Cambridge, MA: Harvard University Press, 1949).

④ Modigliani, Franco, Richard H. Brumberg, "Utility Analysis and the Consumption Function: An Interpretation of Cross-section Data," in Kenneth K. Kurihara, ed., *Post Keynesian Economics* (New Brunswick, NJ: Rutgers University Press, 1954).

⑤ Friedman M., *A Theory of the Consumption Function* (New Jersy: Princeton University Press, 1957).

⑥ Hall, R. E., "Stochastic Implications of the Life Cycle-Permanent Income Hypothesis: Theory and Evidence," *Journal of Political Economy*, Dec. 1978.

⑦ 胡若痴：《城市化进程中流动人口消费问题探析》，《管理学刊》2012 年第 6 期，第 41 ~45 页。

优先考虑质量和价格，对品牌敏感度不强[①]。王曼（2004）通过分析北京外来流动人口的消费行为，发现这一群体的消费以低档、节俭型消费为主，相对于消费，他们更倾向于储蓄，其认为在几年内他们的消费行为特征比较稳定[②]。冯虹、李晨曦（2016）认为，农民工流动人口的消费行为具有“过度敏感性”和“过渡平滑性”的特点[③]。

在流动人口消费的影响因素方面，孔祥利、粟娟（2013）认为，可支配收入、社会保障制度、个人因素是影响流动人口消费水平、消费习惯与模式的主要因素，并从提高流动人口收入水平、构建和完善公共服务体系、加强社会融合和改革户籍制度等方面，来改善流动人口的消费结构[④]。Peter Saunders 曾指出，家庭消费能力受家庭挣钱能力、公共服务和自我供给能力的影响，政府在满足流动人口住房、教育、医疗等基本消费需求方面尤其重要[⑤]。李凯、曹广忠（2012）指出，农民工的消费有明显生命周期特点，受非农收入不确定和房产的影响，消费观念和消费水平很难有大的提高，消费潜力也难以释放，建议政府部门从完善社保机制、稳定就业、满足住房需求等方面着手，消除农民工消费的后顾之忧[⑥]。谭江蓉、徐茂（2016）通过对重庆市流动人口消费行为的分析，指出人力资本和社会资本对流动人口消费行为产生约束，城市身份认同能促进消费，

① 孙华、陈力勇：《流入城镇农村人口消费行为分析——基于西安市的调查》，《人口研究》2014 年第 2 期，第 92 ~ 101 页。

② 王曼：《北京务工型流动人口消费行为及策略选择》，《北京工商大学学报》（社会科学版）2004 年第 3 期，第 37 ~ 39、56 页。

③ 冯虹、李晨曦：《新型城镇化过程中农民工消费水平影响因素分析——基于 2013 年〈中国流动人口动态监测〉》，《北京联合大学学报》（人文社会科学版）2016 年第 3 期，第 72 ~ 80 页。

④ 孔祥利、粟娟：《我国农民工消费影响因素分析——基于全国 28 省区 1860 个样本调查数据》，《陕西师范大学学报》（哲学社会科学版）2013 年第 1 期，第 24 ~ 33 页。

⑤ Peter Saunders, *Social Theory and Urdan Question* (London and New York: The Taylor & Francis Group, 1986).

⑥ 李凯、曹广忠：《农民工家庭城乡消费决策的影响因素——基于东部 9 城市抽样调查数据的分析》，《人口与发展》2012 年第 5 期，第 91 ~ 98 页。

而流动人口的社会保障对消费水平的提升影响不明显[①]。

在流动家庭消费方面，王韬、毛建新（2015）通过对比流动人口家庭与城镇家庭的消费差异，发现前者的消费收入弹性在不同分位点均高于后者[②]。谭苏华（2015）从空间差异方面分析，指出流动人口家庭消费存在一定的空间差异，表现为梯度性和不均衡性，即经济发达地区消费水平明显高于其他地区，同时其内部的消费差异也比较明显。不同区域生活成本不同，导致高消费能力并不代表高生活质量。中等水平区域的消费结构较为合理，流动人口家庭的消费水平也较合理[③]。流动人口家庭消费呈现低消费和高积累的特征，女性和新生代的流动人口家庭消费能力强，收入、人力资本对消费水平有正向影响，制度约束和汇款行为起阻碍作用[④]。刘妮娜、张汝飞（2013）通过研究新生代流动人口家庭的城市消费，认为城－城流动人口比乡－城流动人口消费能力强，消费潜能大，满足刚性需求的基本消费占实际消费的比重大，消费有较大提升空间。对于城－城流动人口应鼓励其降低储蓄意愿，释放消费潜能；对于乡－城流动人口应提升其消费水平[⑤]。

---

① 谭江蓉、徐茂：《城市融入背景下流动人口消费行为的影响因素——以重庆市为例》，《城市问题》2016 年第 1 期，第 92～98 页。

② 王韬、毛建新：《流动人口家庭与城镇家庭的消费差异——基于分位数回归的分析》，《人口与经济》2015 年第 4 期，第 60～68 页。

③ 谭苏华：《流动人口家庭消费的空间差异和影响因素研究》，福建师范大学博士学位论文，2015。

④ 谭苏华、朱宇、林李月、杨中燕：《流动人口家庭的城市消费及其影响因素——基于全国流动人口动态监测调查数据》，《人口与发展》2015 年第 1 期，第 22～31 页。

⑤ 刘妮娜、张汝飞：《新生代流动人口家庭消费水平与消费结构研究》，《消费经济》2013 年第 6 期，第 31～34 页。

第二章　基本概念和相关理论

第一节　基本概念

人口迁移（Population Migration）是伴随着人类社会的产生和发展而不断发生和演进的社会历史过程。人口迁移流动分析也一直被认为是人口学研究的基本内容之一①。一般情况下，一个国家或地区通过出生和迁移流动来获得人口，与此同时，也通过迁移流动和死亡不断失去人口，这两个方面综合作用的结果决定着该国家或地区的人口变动过程。随着人类社会的不断发展和进步，对人口迁移流动的认识和研究也经历了一个发展的过程，对于人口迁移流动的系统研究在近代以来才广泛开展。当今社会，不论是发达国家还是正在经历现代人口转变的发展中国家，在人口自然增长率下降以后，区域间的人口规模和机构的变化都越来越与人口迁移流动有着密切的关系。从乡村地区到城市地区的人口迁移流动，即城市化过程，是发展中国家重要的人口迁移流动过程；发展中国家和发达国家之间的国际人口迁移，也越来越受到关注。研究人口迁移流动，并分析其原因和过程，目的在于更深入地了解和探讨人口迁移流动所带来的各种社会经济后果和影响。

---

① 尹豪：《人口学导论》，中国人口出版社，2006，第117页。

一　流动人口

流动人口可以分为流入人口和流出人口，流入人口是指来到该地区的非户籍人口，流出人口是指离开该地区到其他地方居住的户籍人口。流动人口根据流动性可以分为常住流动人口和短期流动人口，常住流动人口一般指在该地区居住较长的一段时间的人口。人口迁移和人口流动（Population Floating）是两个既有区别又有联系的概念。人口流动与人口迁移是人口移动（Population Movement）的两个方面，都是指人口在一定的空间地域或社会范围内的移动[①]。由于人口迁移行为涉及两个地域，而界定和区分人口迁移和人口流动，并将迁移人口和流动人口、通勤人口区分开来就更加复杂。相对于人口迁移，从狭义上讲，人口流动是指人口在一定空间、一定时间范围内非定居性地移动。人口流动的含义包括以下几方面的基本要素：一是在一定的时间内不会改变常住地；二是跨越一定的地域空间；三是在流入地的居住是暂时性的；四是在移动过程中有往返的意愿或行为。

联合国曾建议以在一个较为固定的地区居住一年作为划分流动与迁移的界限，但实际上世界各国规定很不一致。在一个国家的不同地区和不同时期的划分标准也不尽相同。我国历次全国人口普查、人口抽样调查对于流动人口和迁移人口的划分标准也不一致。从国际对比来看，尽管国外人口迁移的定义也未得到完全的统一，但至少一般国外人口迁移不受户籍制度及其配套的一系列制度的约束，相应的人口迁移概念界定可以更简单直接，人口迁移的统计口径也就较容易确定。因此，许多国家定义的迁移人口大于中国的迁移人口，实际上包括了中国的“流动人口”。

本书主要采用国家卫生和计划生育委员会的2013年全国流动人

---

① 王建民：《中国流动人口》，上海财经大学出版社，1996，第4～7页。

口动态监测数据，因此在本书中不涉及人口流动和人口迁移的区别，暂时把调查对象统一称作流动人口，即在流入地居住一个月以上，非本区（县、市）户口的15～59周岁流动人口。

二 就业

按照国际通用的统计指标口径，就业是指在劳动年龄以内，有劳动能力的劳动者，具有以下情况之一者，即为就业：已在从事有报酬或有收入的职业；有职业但临时没有工作的，例如由于疾病、事故、劳动争议、休假、旷工或因气候不良、机件损坏或故障等而临时停工；自营业者或正在协助家庭经营企业或农场而不领取报酬的家庭成员，在规定时期内从事正常工作时间占三分之一的。另外，上述“就业”定义还要与家务劳动、军队服役、在校学习、无报酬无收入的义务劳动、生产自救和以工代赈的劳动相区别。按照我国政府的界定标准，“就业人员”指在男16～60岁、女16～55岁的法定劳动年龄内，从事一定的社会经济活动，并取得合法劳动报酬或经营收入的人员。其中劳动报酬达到和超过当地最低工资标准的，为充分就业；劳动时间少于法定工作时间，且劳动报酬低于当地最低工资标准、高于城市居民最低生活保障标准，本人愿意从事更多工作的，为不充分就业。“失业人员”指在法定劳动年龄内，有工作能力，无业且要求就业而未能就业的人员。虽然从事一定社会劳动，但劳动报酬低于当地城市居民最低生活保障标准的，视同失业。和农民工相关的就业情况有以下几种。所谓弹性就业，是指不限时间、不限收入、不限场所的灵活多样的就业形式[①]。它是相对于全日制就业形式而言的。弹性就业包括非全日制就业、临时就业（如短期就业、季节就业、承包就业、传呼就业、独立就业）、派遣就业（雇佣型派遣就业和登记型派遣就业）、钟点工等。目前我国城镇

① 黄安余：《就业失业论》，中央编译出版社，2015，第5页。

已广泛存在弹性就业现象。非正规就业是20世纪70年代初由国际劳工组织正式提出的概念。非正规部门主要是指规模很小的从事商品生产、流通和服务的单位，主要包括微型企业、家庭的生产服务单位及独立的个体劳动者。国际劳工组织在《1991年局长报告：非正规部门的困境》中，进一步将非正规部门定义为“发展中国家城市地区那些低收入、低报酬、无组织、无结构的很小的生产规模的生产或服务单位”。在非正规部门就业的劳动者则称为非正规就业。从这个定义出发可以看出，我国城乡大量存在的私营和个体劳动者都属非正规就业。而且随着经济进一步搞活，非正规就业人员还会大量增加，从而成为我国就业大军中的重要组成部分。我国在1995年就确定了不充分就业的统计定义。不充分就业（也被称为就业不足）是指非个人原因，在调查周内工作时间不到标准工作时间的一半（即20小时），并愿意从事更多工作的人员。在实际操作中，判断不充分就业人员的标准有三条：一是调查周内工作时间不到标准时间的一半，即不到20小时；二是工作时间短基于非个人原因；三是愿意从事更多的工作。个人必须同时具备这三条才能被统计为不充分就业人员。弹性就业、阶段性就业、非正规就业和不充分就业是相互交叉的，它们是从不同角度对就业人员所进行的观察。如一个家庭小时工，从就业地点上看可能是弹性就业人员；从就业时间上看可能是阶段性就业人员；从就业单位上看可能是非正规就业人员；从工作量和收入上看又可能是不充分就业人员。

在完善的劳动力市场中，就业概念本身蕴含着劳动力的自由流动。但是，在对我国农民工的研究中，必须认为流动就业是农民工就业的基本特征。农民工在本质上属于工人，但在身份上属于农民，并且在农村都有土地。首先，在从事的产业上具有流动性。他们在农闲时进城务工，农忙时回家种地，农民工就像“候鸟”一样，周期性地往返于农业和非农产业之间。其次，地域上的流动。农民工从事的往往是非正规部门的工作。这种工作具有短暂性，而且要求的文化程度不高，流动的障碍很小。因此，在追求收入最大化的驱动下，在城市务工的农民工经常从一个行业流动到另一个行业。此外，城市建筑业的工人绝大部分都是农民工，随着在建项目的完成和新项目的建设，从事建筑业的农民工往往需要从一个城市流动到另一个城市。因此，流动性就业是农民工就业的本质属性。

三　收入与消费

由于使用的数据各不相同，因此在本书中涉及收入和支出的内容与以往研究略有不同。在 2013 年全国动态监测数据中，关于收入和支出部分的问题的填写说明如下。个人收入指被访者 2013 年 4 月或前一次就业工资、经营收入情况。工资收入包括个人工资、奖金、加班费、津贴、单位包吃包住折合的资金等。注意：若被访者暂未领取 4 月工资，可记录其最近一次领取工资的情况；若被访者从事目前工作不足一个月，可按其预期收入填写；家庭帮工不填此项。食品支出指用于家庭成员各类食品（包括粮食、蔬菜、肉类、水果、调味品、饮料、烟酒及零食等）的支出。注意：此项不能为 0。如果子女需要向学校交付餐费则应计入此项，由单位包伙食者应将其折算计入此项；购买营养品或保健品的支出不计入此项。房屋支出指被访者或其家庭生活居住用房的房租，包括购房的分期付款，但生产经营用房房租除外，由单位包住者将其估算或折成租金计入此项。家庭月总支出指所有家庭成员在现居住地的支出情况。此处仅询问与日常生活消费相关的费用支出，包括衣、食、住、行、教育、通信、医疗、娱乐、随礼等支出，不包括生产经营支出和借贷性支出。家庭月总收入指所有家庭成员在现居地的总收入，具体包括工资收入、经营收入、财产收入和转移收入。如果收入呈季节性变化，则以全年收入计算月平均收入。工资收入指个人工资、奖金、加班费、津贴等。经营收入指扣除营业用房租金、雇佣成本、进货成本等相关费用后的营业净收入（如出现亏本现象，按0计算）。财产收入指资产所有者向其他单位提供资金，或将有形非生产资产供它们支配，作为回报，从中获得的收入，包括利息收入、股息与红利收入、保险收益、其他投资收入、出租房屋收入、知识产权收入和其他财产性收入。转移收入指国家、单位、社会团体对居民家庭的各种转移支付和居民家庭间的转移收入，包括养老离退休金、社会救济收入、辞退金、赔偿收入、失业保险金、赡养收入、捐赠收入、亲友搭伙费、所提取的住房公积金。单位提供的食、宿的资金可视为转移收入计入总收入。

第二节　流动人口相关理论

一　雷文斯坦的迁移定律

英国的雷文斯坦（E. Ravenstien）是研究人口迁移理论的“鼻祖”。在1880年，他公开发表了一篇题为“人口迁移之规律”的论文。在该论文中，他提出了人口迁移的七条规律，具体是：①人口的迁移倾向于短距离的移动，即朝工商业比较发达的城市移动；②流动人口向城镇迁移不是一步到位的，而是先迁移到城镇周围，再向城镇里面迁移；③各地流动人口大多数是由农村流向城市的；④一次较大的人口迁移之后就会有一次反向流动来填补大迁移之后留出的空缺；⑤向大城市的迁移几乎是长距离的迁移；⑥农村居民的流动性比城市居民要大很多；⑦女性相比男性来说，更容易迁移[①]。

二　“推—拉”理论

“推—拉理论”被认为是人口迁移理论中最重要的理论之一。首

---

①　尹豪：《人口学导论》，中国人口出版社，2006，第157页。

先提出这一理论的是博格（D. J. Bagne）。他提出，迁移人口之所以做出迁移的决定是因为他们目前所在的地区不能给他们带来生活条件的改善，在他们所希望流入的地区则存在这样一些机会，能够让他们改善目前生活条件。前者就是“推力”，后者就是“拉力[①]。在这样的推力和拉力的作用下，人口迁移就发生了。西方古典推—拉理论把推力和拉力归结为工资收入的差异，而现代推—拉理论将理论更进一步发展了，该理论认为迁移的推力和拉力因素除了工资收入的差异外，还包括更好的受教育机会、社会地位等[②]。李（E. S. Lee）对推—拉理论做了一点修改，他认为除了推力和拉力因素外，还存在第三个因素：中间障碍因素。这些障碍因素包括语言文化的差异，物质上的障碍、距离以及迁移者本人对这些因素做出的价值判断[③]。

三　二元经济结构理论

美国经济学家亚瑟·刘易斯提出了二元经济结构理论，从经济学的角度解释人口迁移。他认为发展中国家的经济特征是二元结构的，包括低等级的传统的农业部门和高等级的现代的城市工业部门，这两种经济体系之间存在差异。传统农业部门使用的有限的土地是非再生性的，耕地面积的扩展十分有限，人口持续增加造成经济收益呈现递减的趋势，其原因在于自给自足的传统农业部门是以非商品化营利为目的的，新增人口到达劳动年龄后就会自然就业，并且参与生产和分配过程，相对于土地等资源的过剩劳动力处于不充分就业或隐性失业状态，在其他生产要素不增加的条件下，他们虽然付出劳动但不增加产值，其边际生产率接近于零，大量边际生产率

① 李通屏：《人口经济学》，清华大学出版社，2008。

② 邹新树：《农民工向城市流动的动因“推—拉”理论的现实解读》，《农村经济》2015 年第 10 期，第 104～109 页。

③ 尹豪：《人口学导论》，中国人口出版社，2006，第 159 页。

接近于零的剩余劳动力是发展中国家经济长期处于低水平的根本原因。根据二元结构理论，现代工业部门依赖农业部门提供的廉价劳动力进行扩张，在低工资的情况下持续发展，获取高额利润。农业部门中的外迁人口解决了农村劳动力过剩的问题，当农村剩余劳动力被完全吸收后，农业劳动生产率提高，人均收入增加，农业逐渐现代化，最终消除城乡差距，二元经济合为一元经济，农村剩余劳动力被完全吸收的这个时点被称为“刘易斯转折点”[①]。但刘易斯的两部门模型并不适用于所有的发展中国家，美国经济学家舒尔茨指出，发展中国家的农村剩余劳动力只是一定经济社会历史条件的产物，并不是普遍存在的现象。拉尼斯和费景汉对刘易斯的模型进行了修正[②]，强调只有提高农业劳动生产率，才可能有剩余农产品提供给转移出来的劳动力，并明确提出了劳动力转移的三个阶段。拉尼斯和费景汉将两部门经济发展划分为三个阶段。第一阶段，在传统农业部门存在大量显性失业人口时，农业部门的边际生产率等于0，这时的劳动力供给弹性是无限大的。他们可以由农业部门撤出进入工业部门，不会影响农业生产，而且由于他们的流出，农业部门形成的剩余农业品，正好成为流入工业部门就业人口的粮食供应。第二阶段，农业部门劳动边际生产率升高，但仍然存在隐蔽性失业的过剩农业劳动力。一部分劳动力继续流入工业部门，而农业总产量却不能与工业部门的劳动力同步增长。粮食短缺自然引起农产品相对价格上涨，由此工业部门不得不提高工资。第三阶段，农业部门已不存在剩余劳动力，农业边际劳动生产率逐渐高于制度工资水平，这种现象说明农业部门劳动力收入，不再取决于制度工资而由农业劳动边际产值决定，也意味着传统农业转化为商业化农业。托达罗在二元经济理论的基础上提出了预期收入理论，他认为人口迁移的

---

① 蔡昉：《刘易斯转折点——中国经济发展新阶段》，社会科学文献出版社，2008，第10页。

② 李冰：《二元经济结构理论与中国城乡一体化发展研究》，中国经济出版社，2013，第15页。

决定很大程度取决于城乡预期收入的差距而非实际收入的差距，预期的城乡收入差距是由城乡实际收入差距和进城后找到工作的概率和收入，迁移的实际成本和机会成本等因素综合决定的，当预期收入差距为正值时，迁移就会发生，而且只要差距保持正值，迁移就不会停止。托达罗模型强调的不是迁移对经济发展的积极作用，而侧重研究如何放慢农村向城市迁移的步伐以缓解城市的失业压力[①]。托达罗模型实际是一个三部门经济模型：传统农业部门、城市传统部门和城市现代工业部门。托达罗认为城市传统部门有利于城市经济发展、降低就业费用、使用廉价劳动力、吸收城市现代工业部门不能吸收的半熟练和不熟练劳动力、利用适度技术开发本地资源、增加穷人收入[②]。他指出大部分流入城市的人口首先是在城市非正规部门就业，因而发展中国家要注重发展小规模的劳动密集型产业。

四　新经济迁移理论

新古典经济学家将经济学中供给和需求关系引入人口迁移的研究中，认为劳动力供给与需求的区域差异引起了不同区域之间劳动力的调整。新古典经济学假定个人是迁移过程的最小单位，而在实际研究中，许多学者发现个人决策往往与家庭有着很大关系。在新古典经济理论的基础上，Stak 和 Bloom（1985）提出了新经济迁移理论，该理论将家庭作为研究对象，认为迁移并非孤立个人的决定，而是家庭集体决策的结果，家庭预期收入最大化和风险最小化的原则决定家庭成员的迁移或流动[③]。“相对贫困”、“经济约束”和“风

---

① 李冰：《二元经济结构理论与中国城乡一体化发展研究》，中国经济出版社，2013，第15页。

② 尹豪：《人口学导论》，中国人口出版社，2006，第163页。

③ Stark O.，D. Bloom，“The New Economics of Labor Migration，” *American Economics Review*，Vol. 75，1985，pp. 173 – 178.

险转移”是新经济迁移理论的三个关键概念。新经济迁移理论质疑传统理论对于绝对收入对迁移所产生影响的假设，认为家庭在做迁移决策时不仅要考虑绝对预期收入水平，还要考虑相对于本社区或者参照人群的收入水平，并由此产生一种满足或失落感（即相对贫困）。即使自己的收入水平已经有很大提高，但只要“相对贫困”的感受没有减轻，就仍然会做出迁移的决策。家庭收入越低，“相对贫困”的感受就越强烈，因此处于低收入层次的家庭更可能迁移。家庭做出迁移决策的主要目标，不仅是为了追求最大收益，而且是为了将家庭风险最小化，新经济迁移理论引入的“收益+风险+相对贫困”的概念从新的角度研究人口迁移现象，尽管其前提和假设与我国实际情况并不完全相符，但总体上可以对我国农村劳动力的迁移和流动做出很好的解释。

新经济迁移理论强调家庭作为决策主体的重要性，家庭根据预期收入最大化和风险最小化的原则，决定其成员的外出和迁移。与新古典主义经济理论相比，新经济移民理论有了很大的发展，其思路不再单一，而是趋于多元化[①]。它没有将移民的原因简单归结于国家之间的收入差距，而认为工资差异并不是国际迁移的唯一原因，获得资金以及减少经济与社会危机是导致移民的重要因素。该理论还强调家庭的作用，强调移民汇款的意义，更关注移民与周围环境复杂的互动关系。

第三节　就业相关理论

一　马克思流动人口就业理论

马克思从整个人类社会历史演进的宏观视角，站在社会生产力

① 杨文选、张晓艳：《国外农村劳动力迁移理论的演变与发展》，《经济问题》2007年第6期，第18~21页。

发展的历史高度，在深刻论证资本主义社会经济发展规律的基础上，运用社会化大生产的运动规律，深刻地揭示了劳动力从农村和农业向城市和非农产业流动的必然性，科学预言了劳动力流动必将带来的社会经济的巨大变迁和深刻变革。当今世界，所有的发达国家都无一例外经历了一个劳动力从农业向工业部门、从农村向城市流动的过程。马克思的流动劳动力就业理论就是在考察英国、法国等老牌资本主义工业化进程中形成的。马克思在考察来自“农村而大部分在工业就业的居民阶层”时，说“他们是资本的轻步兵，资本按自己的需要把他们时而调到这里，时而调到那里。当不行军的时候，他们就‘露营’。这种流动的劳动被用在各种建筑工程和排水工程、制砖、烧石灰、修铁路等方面”。这种流动就业的方式，并不是劳动力转移就业的终极方式，从发达国家经验来看，劳动力从农业转移出来并最终会固定在特定的工业部门，成为城市工人阶级的正式成员。劳动力采取从农村向城市流动就业这种转移方式是“社会发展的产物，并且是很现代的、决不是到处已达到的产物，它是和一个完全特定的生产阶段相适应的”①。

马克思流动人口就业理论主要包括以下两方面。

第一，城市工业的发展需要大量劳动力，城乡二元结构产生的落差是吸引劳动力的重要因素。马克思指出：“一切发达的、以商品交换为中介的分工的基础，都是城乡的分离。”随着工业化在城市的率先发展，出现了农业落后于工业、农村落后于城市而形成的城市高于乡村的新现象，即城市工人的工资收入高于农民和农业工人，工商业的收益高于农业，城市居民的文明程度高于农村居民的文明程度。城乡居民出现了收入落差和文明程度落差从而形成了以城乡利益差别为基础的城乡二元结构。

第二，资本主义经营方式使农业生产率的提高，为劳动力从农

① 《马克思恩格斯全集》第46卷，人民出版社，2003，第713页。

村向城市流动提供了条件。18 世纪初期，传统的农业生产方式开始发生变化，从而结束了农业生产率低下的局面，资本主义经营方式促进农业生产力的不断解放，农业生产的平均剩余率提高，为随后出现的工业革命铺平了道路，也为农村剩余劳动力转移提供了技术条件。资本主义经营方式还使农村土地日益集中，小块土地所有制逐步衰亡，农村劳动力得以从土地上分离出来。马克思认为，“只有大工业才用机器为资本主义农业提供了牢固的基础，彻底地剥夺了极大多数农村居民，使农业和农村家庭手工业完全分离，铲除了农村家庭手工业的根基——纺纱和织布。这样，它才为工业资本征服了整个国内市场”。“资本主义一旦占领农业，或者依照它占领农业的程度，对农业工人人口的数量的需求就随着在农业中执行职能的资本的积累而绝对地减少，而且对人口的这种排斥不像在非农业的产业中那样，会由于更大规模的吸引而得到补偿。因此，一部分农村人口经常准备着转入城市无产阶级或制造业无产阶级的队伍，经常等待着这种转化的条件。”这样形成大量“潜在过剩人口”，就在客观上使劳动力从农业流出，把从事农业生产的劳动力减少到了最低限度。马克思的劳动力流动理论把农村劳动力流动与资本主义生产方式联系起来，揭示了劳动力流动的根本原因、内在规律及劳动力流动与经济发展的关系。马克思认为劳动力流动的根本原因是社会分工和生产的社会化，资本主义工业的发展导致了人口的“全面流动”。工业日益集中的趋势使作为生产要素的劳动力也像资本一样集中起来，而资本主义工业发展所产生的现代工业技术又为人口的大规模和频繁流动创造了条件，最终促使劳动力从农业转向工业和商业。

二　配第 - 克拉克理论

17 世纪的英国经济学家威廉·配第（Willian Petty）在他的经典名著《赋税论》中提到，随着工商业的发展，其就业人数增多，于是农业就业人口向工商业转移，农业的就业人数减少[①]。这一观点被英国经济学家C. G. 克拉克（C. G. Clark）发扬光大，他对日本、美国、英国、德国、法国等一些国家的劳动力在一、二、三产业间所发生的变化进行了深入分析，得出了关于产业结构与劳动力分布关系的演变规律[②]。克拉克发现随着经济的发展和人均国民收入水平的提高，劳动力在一、二、三产业中的比重发生变化。主要表现为就业人口由第一产业向第二产业，再由第二产业向第三产业转移的趋势，而发生这种变化的原因是各产业之间的人均收入存在差异。因为这一定理融合了配第与克拉克二人的论点，故这一定理被称为“配第－克拉克”定理。之后，各国的经济发展与产业结构变化也充分证明了这一定理：当经济发展到一定程度，劳动力首先由第一产业向第二产业移动；当人均国民收入水平进一步提高时，劳动力由第二产业向第三产业移动。人均国民收入水平越高的国家，农业劳动力在全部劳动力中所占的比重越小，而在第二、三产业的劳动力所占的比重越大；反之，人均国民收入水平越低的国家，农业劳动力所占比重越大，而第二、三产业劳动力所占比重越小，这也从一个侧面反映出农村劳动力向城市转移，寻找就业机会是一种必然趋势。“配第－克拉克”定理从宏观层面解释了农村劳动力涌入城市，从第一产业转向第二、三产业的现状与原因，是最早研究流动人口就业的经典理论[③]。

三　人力资本理论

人力资本理论的历史渊源最早可以追溯到古典经济学及其以前的经济理论。在古希腊，思想家柏拉图在《理想国》一书中就论述了教育的经济价值，并认为可以通过基础教育来发展人的先天能力。

---

① 〔英〕威廉·配第：《政治算术》，马妍译，中国科学出版社，2010。

② Colin，Clark，*The Conditions of Economic Process*（London：Macmillan & Co. Ltd，1940）.

③ 于刃刚：《配第－克拉克定理评述》，《经济学动态》1996年第8期，第63～65页。

之后许多经济学家，如魁奈、威廉·配第、亚当·斯密（A. Smith）、李斯特、萨伊等分别阐述了劳动价值论思想及教育对提高人的素质的作用，奠定了人力资本理论的基础。20世纪60年代初期，发展经济学派的马歇尔、沃尔什、舒尔茨、贝克尔、丹尼森等人也分别阐述了自己的人力资本理论的观点①。对人力资本理论做出重大贡献的还有贝克尔，他在1964年撰写的《人力资本》中提出了人力资本投资理论的基本框架，其包括人力资本生产理论、人力资本收益分配理论和人力资本与职业选择问题。而真正赋予人力资本概念准确含义和系统阐述人力资本理论的是被称为“人力资本理论之父”的美国经济学家西奥多·W. 舒尔茨（Schultz），其认为人力资本是体现在劳动者身上的一种资本类型，它用劳动者的知识程度、技术水平、工作能力以及健康状况来表示，是这些方面价值的总和。舒尔茨在《人力资本的投资》中指出，人力资本理论是经济学的核心问题，人力资本是当代促进国民经济增长的主要原因，自然因素不能决定经济发展的程度，而主要取决于人口质量的提高，人口质量和知识投资在很大程度上决定了人类未来的前景。舒尔茨还提出影响经济发展的诸多因素中，人力资本的作用大于物质资本的作用，人的因素是最关键的。舒尔茨是在研究经济增长特别是发展中国家农业经济增长中发现人力资本具有重要经济价值的，提出单纯从自然资源、实物资本和劳动力的角度不能说明经济增长和生产力提高的全部原因。他在《改造传统农业》一书中指出，在土地、全部可再生的物质生产手段以及人力三个生产要素中，农民的能力是最重要的，因此要开发农村地区人力资本，进行人力资本投资，提高农民的人力资本水平②。

---

① 谭崇台主编《发展经济学》，山西经济出版社，2001。

② Schultz, T. W., “Investment in Human Capital,” *American Economic Review*, Vol. 51, No. 1, March, 1961, pp. 1 - 17.

第四节 收入水平相关理论

功能收入分配也被称为要素收入分配，它探讨各种生产要素与其收入所得的关系，从收入来源的角度研究收入分配，主要关注国民收入的初次分配。从收入来源来看，重商主义认为商人是最大的财富创造者，也应该是收入最多的人；重农学派认为从事农业的人应该得到最多的收入；亚当·斯密和李嘉图论述了劳动价值论，认为工人只能得到维持最低基本生活水平的工资；萨伊（Jean Baptiste Say）则提出了生产要素价值论及与之相联系的收入分配理论；现代西方主流经济学的各种收入分配理论试图证明在完全竞争的市场条件下，各种要素的报酬是按其对产出的贡献分配的。关于生产要素参与分配，斯密把全部收入分为劳动收入的工资、资本收入的利润和地租。萨伊把资本等同于生产工具，认为劳动、资本、土地是一切社会生产所不可缺少的三个要素。马歇尔（Alfred Marshall）把企业家才能加了进去，确立了生产的“四要素”。按要素分配就是按这“四要素”在生产过程中的贡献进行分配。在功能收入分配理论中，关于工资的理论比较突出，微观经济学和宏观经济学对此有不同的论述。微观经济学中，代表性的理论有克拉克（John Bates Clark）的边际生产力工资理论①和马歇尔的供求均衡工资论②。前者认为，根据边际生产力概念，工资取决于劳动边际生产力；后者认为，前者的理论只能说明要素需求方的原因，而忽略了供给方的原因，价格的形成是供求双方作用的结果。宏观经济学中，代表性的理论有凯恩斯（John Maynard Keynes）的非自愿失业理论、威茨曼（Martin Weitzman）的分享工资理论和斯蒂格利茨（Joseph E. Stiglitz）的效

① 邹东红：《古典、新古典收入分配理论比较》，《价格月刊》2008 年第 11 期，第 84 ~ 86 页。

② 王万山：《均衡价格理论演进的历史脉络》，《西安财经学院学报》2005 年第 6 期，第 16 ~ 21 页。

率工资理论。非自愿失业理论论述了有效需求不足和刚性工资对失业造成的影响；分享工资理论强调了企业和工人按比例分享“每一个单位的收入”；效率工资理论强调了要确定工资影响生产效率的确切机制，把工资和效率挂钩。凯恩斯主义新剑桥学派的代表人物琼·罗宾逊（Joan Robinson）把有效需求理论用于经济系统的长期分析，认为消费品与投资品之间的比例决定了工资性收入和利润性收入之间的比例：投资率越高，利润占国民收入的比例越大，工资性收入所占比例就越小。

规模收入分配也被称为个人收入分配或家庭收入分配，它探讨不同个人和家庭的收入总额，主要关注国民收入的最终分配。在规模收入分配理论方面，从 20 世纪 50 年代起，基尼系数（Gini Coefficient）被更多地应用于描述一个国家收入分配的不平等状况，与此同时，库兹涅茨（Simon Kuznets）倒“U”形曲线成为收入分配领域研究的重点①。在衡量规模收入分配方面，泰尔指数（Theil Index）法也越来越流行。基尼系数是经济学家基尼于 1912 年根据洛伦茨曲线（Lorenz Curve）提出的判断分配平等程度的指标。泰尔指数是由泰尔 1967 年利用信息理论中的熵概念来计算收入不平等而得名的。基尼系数是指在全部居民收入中，用于进行不平均分配的那部分收入占总收入的百分比。泰尔指数通过计算人们的收入份额与人口份额之比，来考察实现收入分配完全平等的偏离程度。基尼系数和泰尔指数越高，反映收入差距越大。可以看出，泰尔指数充分考虑了人口的作用，由于是收入份额与人口份额之比，泰尔指数可以衡量不同的人口组（可以根据需要而划分）的组内差距和组间差距对总差距的贡献。按照国际公认的判断标准，基尼系数值低于 0.2 表示收入分配高度均等；0.2 ~0.3 表示收入分配相对均等；0.3 ~0.4

① Kuznets，S.，“Economic Growth and Income Inequality，” *American Economic Review*，Vol. 45，pp. 1 –28.

表示收入差距相对合理；0.4～0.5 表示收入差距偏大；0.5 以上表示收入分配出现了两极分化。基尼系数给出了反映居民之间贫富差距程度的数量界限，但是这种数量界限明显反映的是整体贫富差距状况，没有显示出来在哪里存在分配不公，也无法根据基尼系数确定具体的贫困人口。同时，居民收入是否包括再次分配所带来的隐性福利并无定论，对于高福利国家和低福利国家，即便是基尼系数相同，其真实的贫富差距也较大。另外，对于用分组数据计算基尼系数会导致基尼系数值被低估，基尼系数越高，被低估的程度也就越大，分组越少，低估的程度也越大。倒“U”形曲线假说是美国经济学家库兹涅茨 1955 年在《经济增长与收入不平等》一文中提出的，该假说认为在经济发展中存在使收入不平等扩大的因素，在经济未充分发展阶段，收入分配将随同经济发展而趋于不平等。其后，经历收入分配暂时无大变化的时期，到达经济充分发展的阶段，收入分配将趋于平等。库兹涅茨曲线表明：在经济发展过程开始的时候，尤其是在国民人均收入从最低水平上升到中等水平时，收入分配状况先趋于恶化，继而随着经济发展，逐步改善，最后达到比较公平的状况。许多研究结论认为，倒“U”形曲线假说仅能解释发达国家收入发展轨迹，不能解释像中国这样的发展转型国家的收入发展轨迹。另外，先恶化、后改善究竟是人为因素造成的还是其本身就是经济规律呢？从一般常识来看，从收入分配来说，在总体收入达到中等水平前，经济发展注重的是效率，收入分配差距的扩大很正常，这个时候如果差距缩小，则可能影响整体收入的提高。但是当达到中等水平以后，经济已经发展到一定程度，这个时候贫富差距也累积到了较高程度，这个时候一是有缩小贫富差距的强烈需求和社会压力，二是有调整收入分配政策所需要的经济基础。所以，当经济发展到了这个阶段的时候，许多国家会主动采取措施缩小贫富差距，缓解社会矛盾，而且也需要通过缓解社会矛盾来为经济继续发展提供新的动力。

除经济学界外，政治学、哲学等学界学者也对收入分配问题进行过相关论述，比如美国政治哲学家罗尔斯（John Rawls）就认为所有社会基本物品都要平等地分配。这些理论中有两个特点比较明确：一是对非收入因素的关注，二是对社会最底层成员的关注。但是仍然缺少对分配的根本制度的关注。马克思主义的分配理论既有功能收入分配的分析，又有规模收入分配的考量。马克思主义提出的剩余价值学说，事实上为收入来源的不平等提供了理论依据；并指出生产关系决定分配关系，要改变分配关系，必须先改变生产关系，为解决收入不平等问题提供了思路。

第五节 消费水平相关理论

虽然学界对流动人口消费的影响因素进行了有益探索，但目前尚未形成一个成熟、完整的理论体系。本章试图通过借鉴相关理论，为后文流动人口家庭消费影响因素的变量选取、指标体系的构建和模型分析提供理论依据。

一 绝对收入理论

凯恩斯的消费和储蓄理论是现代消费理论的起点，其理论核心是储蓄和消费取决于可支配收入[①]。这一理论是凯恩斯在《就业、利息和货币通论》中提出的，它以绝对收入假说为基础。凯恩斯认为，在短期内，消费者根据其现期收入水平的多少进行消费，随着收入的增加，人们用于消费的支出也会相应增加，但消费支出增加幅度小于收入增长幅度。

① 陈安宁、朱喆编著《宏观经济学》，浙江大学出版社，2014，第29页。

二 相对收入理论

杜森贝里在《收入、储蓄和消费者行为理论》中提出了相对收入假说，这种假说是一种与绝对收入假说相对立的假说[①]。在相对收入假说关于消费函数的分析中，杜森贝里引入了社会因素和心理因素来分析消费者的消费行为。相对收入假说强调人们消费行为之间的相互影响，即消费的“示范效应”（Demonstration Effect）。由于消费是一种社会行为，人们在消费行为中会存在模仿和攀比现象，家庭消费决策不仅取决于家庭收入的绝对水平，而且主要参考其他同等收入家庭的收入水平。相对收入假说还解释了消费的稳定性，即消费的“棘轮效应”（Ratchet Effect），家庭消费支出不仅受到本期收入的影响，而且受到以前消费水平的影响，当家庭收入发生变化时，家庭宁愿改变储蓄以维持消费稳定。

三 持久性收入理论

弗里德曼在《消费函数理论》中提出了持久收入假说[②]。他认为，消费的目的是增加效用，因此，消费函数必须建立在消费者效用最大化的基础上。而一个理性的消费者不仅会根据现期收入，而且会根据其一生的总收入来决定一生的总消费，这样才能达到长期的效用最大化。据此，弗里德曼把消费者的实际收入分为持久收入（Permanent Income）和暂时收入（Transient Income）两部分。与此相对应，把实际消费分为持久消费和暂时消费两部分。持久收入假说认为，人们的消费与收入成比例关系，暂时消费由暂时收入决定，而持久消费与暂时收入无关，它取决于持久收入，并与之存在长期的稳定关系。

---

① 孙斌艺著《宏观经济学》，上海人民出版社，2014，第48页。

② 陈安宁、朱喆编著《宏观经济学》，浙江大学出版社，2014。

四 生命周期理论

生命周期假说（Life Cycle Hypothesis）最早由美国学者 P. C. 格里克提出，其于 1947 年从人口学角度提出了家庭生命周期概念。把家庭生命周期划分为形成、扩展、稳定、收缩、空巢和解体六个阶段，家庭在不同的生命周期阶段上有着不同的内容和任务[①]。后来由美国经济学家莫迪里安尼和布鲁贝格在《效用分析与消费函数：对横截面资料的一个解释》一书中提出，该假说将消费与收入和消费者的生命周期密切联系在一起。它假定消费者是理性的，以效用最大化原则来使用一生的收入，安排消费和储蓄的比例。这样，消费就取决于其一生的收入，而不取决于其现期收入，消费者必须进行储蓄才能完成在整个生命周期中跨时期的均匀消费[②]。

中国的消费理论，一方面，遵循着西方消费理论的框架，即在给定的消费者偏好和约束条件下研究问题，消费者被假定能够预知未来的经济信息；另一方面，由于所处的国情不一样，中国的消费者又表现出不一样的特征，例如中国独特的二元结构导致农村居民消费行为与城镇居民消费行为有很大的不同，学者们运用国外的消费函数和中国的数据研究中国居民的消费问题，也得出了很多有价值的结论。

---

① 李竞能编著《现代西方人口理论》，复旦大学出版社，2004。

② 陈安宁、朱喆编著《宏观经济学》，浙江大学出版社，2014。

第三章　中国流动人口现状分析

第一节　流动人口的人口学特征

一　年龄和性别

（一）性别

从全国范围看，流动人口以男性人口为主，其占总调查样本数量的53.7%，女性人口的比例为46.3%，性别比为116.0。各区域流动人口性别结构的差异性不大，其中西北、西南和东北地区流动人口性别比较高，均超过120，分别为123.7、123.2和123.2，相对来说华北地区流动人口性别比较低，为109.6。我国不同区域流动人口性别结构见表3－1。

表3－1　我国不同区域流动人口性别结构

区域	性别		性别比
	男（%）	女（%）	
东北	55.2	44.8	123.2
华北	52.3	47.7	109.6
华东	53.4	46.6	114.6
华中	54.3	45.7	118.8
华南	52.2	47.8	109.2
西南	55.2	44.8	123.2
西北	55.3	44.7	123.7
全国	53.7	46.3	116.0

（二）年龄

我国流动人口的年龄结构呈正态分布形式，随着年龄的增长，流动人口比重先增加后减少。流动人口的主体为 20～44 岁青壮年人口，所占比重超过调查样本总量的 80%，其中 25～29 岁人群所占比重最高，为 19.2%，30～34 岁和 35～39 岁年龄组的人口次之，所占比重分别为 17.6% 和 15.8%，55～59 岁年龄组流动人口所占比重最小，仅为 1.4%，15～19 岁和 50～54 岁年龄组所占比重较小，分别为 5.4% 和 2.9%，我国流动人口年龄结构如图 3－1 所示。

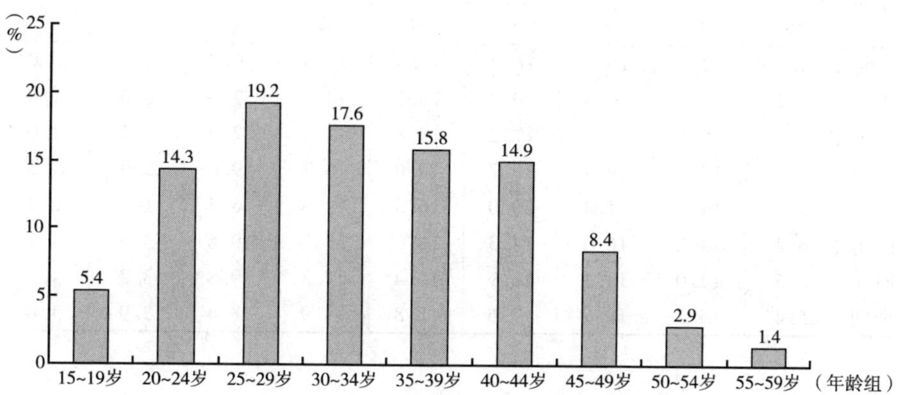

图 3－1　我国流动人口年龄结构

全国各区域流动人口年龄结构基本与全国年龄结构保持一致，只是个别年龄组略有差别。其中东北地区的流动人口中，30～34 岁年龄组所占比重较高，为 16.7%，而西南和西北地区 40～44 岁年龄组所占比重较高，分别为 17.2% 和 17.3%，其他地区与全国一样，25～29 岁年龄组所占比重较高；东北、西南和西北地区高年龄组流动人口的比重明显高于其他区域（见表 3－2）。

在调查问卷中，以是否为 80 后和 90 后为依据将被调查人员进行分类。这里的 80 后和 90 后是指 1980 年及以后出生和 1990 年及以后出生的流动人口。从全国范围看，流动人口中 1980 年前后出生人口比例相差不大，分别为48.8%和51.2%（见表3-3），80后略多。而1990年前后出生人口比例差别很大，1990年前出生的流动人口占绝大多数，占比为86.1%，90后占比为13.9%（见表3-3）。通过将是否为80后和是否为90后两个交叉表数据进行对比发现，传统意义上的80后（即1980~1989年出生的这批人）在全部流动人口中比例为37.29%（见图3-2）。

表3-2　我国不同区域流动人口年龄结构

单位：%

区域	15~19岁	20~24岁	25~29岁	30~34岁	35~39岁	40~44岁	45~49岁	50~54岁	55~59岁
东北	4.5	12.2	16.2	16.7	15.5	15.5	10.8	5.5	3.0
华北	4.2	12.5	20.3	20.2	16.1	14.7	7.6	3.0	1.4
华东	6.3	16.7	19.9	17.2	15.8	13.8	7.2	2.2	1.0
华中	5.2	15.0	19.4	15.7	15.0	15.7	9.6	2.9	1.5
华南	5.9	14.5	21.4	20.0	16.3	12.6	6.4	1.9	0.9
西南	6.3	14.2	16.3	14.3	16.0	17.2	10.6	3.3	1.7
西北	5.5	12.0	17.1	16.9	16.4	17.3	9.8	3.2	1.7
全国	5.4	14.3	19.2	17.6	15.8	14.9	8.4	2.9	1.4

分区域来看，只有华东、华北和华南地区1980年及以后出生的流动人口比例高于全国平均水平，分别为54.6%、51.6%和55.8%，同样，1990年及以后出生的流动人口比例高于全国水平的是华东、华南和西南地区，分别为16.3%、14.6%和15.2%（见表3-3）。

表3-3　我国不同区域流动人口代际差异

单位：%

区域	是否为80后		是否为90后	
	1980年以前出生	1980年及以后出生	1990年以前出生	1990年及以后出生
东北	55.6	44.4	88.5	11.5
华北	48.4	51.6	88.7	11.3
华东	45.4	54.6	83.7	16.3

续表

区域	是否为80后		是否为90后	
	1980年以前出生	1980年及以后出生	1990年以前出生	1990年及以后出生
华中	49.6	50.4	86.1	13.9
华南	44.2	55.8	85.4	14.6
西南	53.3	46.7	84.8	15.2
西北	53.7	46.3	87.4	12.6
全国	48.8	51.2	86.1	13.9

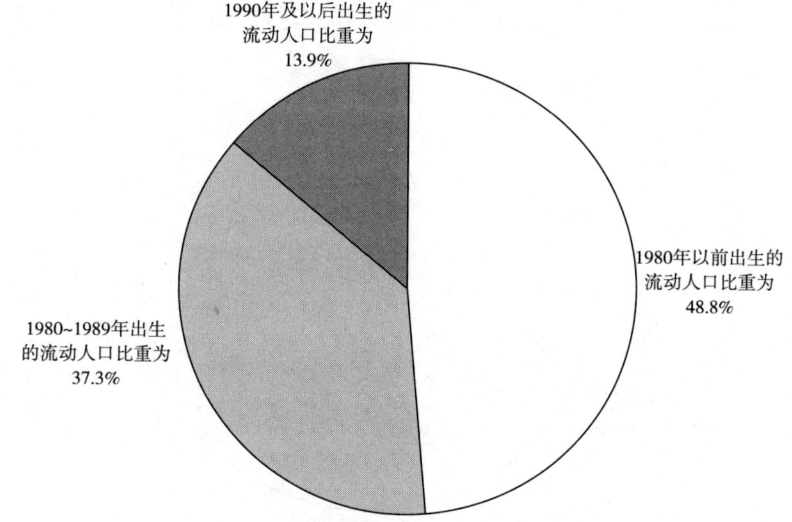

图3－2　我国流动人口的代际差异

二　婚姻状况

在调查问卷中，婚姻状况包括未婚、初婚、再婚、离婚、丧偶五种情况。全国范围看，流动人口以初婚占绝大多数，占75.2%，未婚人数次之，占21.7%，再婚、离婚和丧偶人数比例很少，分别为1.2%、1.6%和0.4%（见图3－3），这与流动人口的年龄结构有一定关系，如之前分析，流入人口以青壮年劳动年龄阶段人口为主（20～45岁），占比均在10%以上，25～29岁年龄段人口最多，占比高达19.2%。这些青壮年同时也处于婚育年龄，与上述以初婚和未婚人口为主的调查情况一致。

分地区而言，未婚人口中，西南地区比重最高，为27.8%，远高于全国平均水平；西北和华北地区比重较低，分别为18.1%和18.0%；初婚人口中，华北地区比重最高，为79.4%；西南地区比重最低，为67.0%；东北和西南地区离婚和丧偶人口比重均高于全国平均水平和其他地区水平，分别为3.6%、0.7%和2.8%、0.8%（见表3-4）。

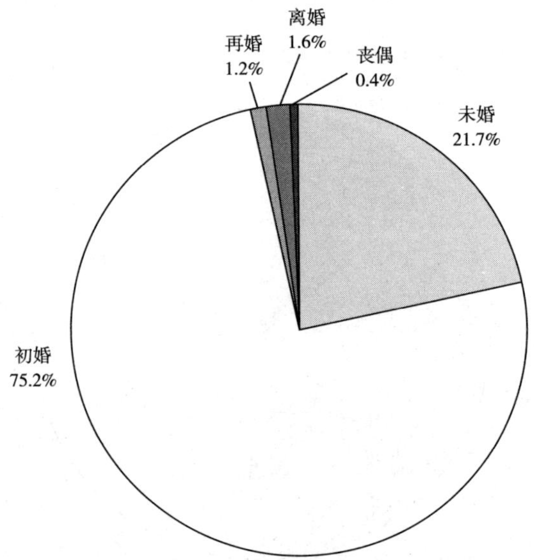

图3-3 我国不同区域流动人口婚姻状况

表3-4 我国不同区域流动人口婚姻状况

单位：%

区域	未婚	初婚	再婚	离婚	丧偶
东北	25.6	68.7	1.4	3.6	0.7
华北	18.0	79.4	1.2	1.2	0.3
华东	21.4	76.5	0.9	1.0	0.2
华中	22.5	73.9	1.5	1.8	0.4
华南	24.3	73.7	0.9	0.9	0.2
西南	27.8	67.0	1.6	2.8	0.8
西北	18.1	78.0	1.7	1.8	0.4
全国	21.7	75.2	1.2	1.6	0.4

三　受教育程度

受教育程度包括未上过学、小学、初中、高中、中专、大学专科、大学本科、研究生。从流入人口受教育程度可以看出一地区经济状况、就业结构和就业机会等方面信息。从全国范围看，流动人口主体为初中学历，占比为54.2%，高中学历次之，占比为15.4%，接着是小学学历，占比为13.2%，研究生比例最小，仅为0.2%，中专占比为6%，大学专科占比为6.2%，大学专科及以上学历者所占比例为9.5%（见表3-5）。

从地区看，各地区迁入者中也是以初中学历为主，占比大多超过50%，只有西南地区占比为47.6%，其中东北地区比重最高，为61.5%，低于全国水平的是华中地区（53.1%），西南地区（47.6%），西北地区（52.3%），不同地区小学和高中比例不同，高中比例高于小学比例的地区有东北地区（14.7%，11.1%），华北地区（14.8%，9.7%），华中地区（19.7%，10.0%），华南地区（17.0%，8.6%），西北和西南地区迁入者中，小学比例大大高于全国水平，也大大高于其他地区，分别为20.5%和22.4%，西北和西南地区未上过学的比重也远远高于全国水平和其他地区水平，分别为3.2%和4.0%（见表3-5）。

表3-5　我国不同区域流动人口受教育程度

单位：%

区域	未上过学	小学	初中	高中	中专	大学专科	大学本科	研究生
东北	0.7	11.1	61.5	14.7	4.0	4.9	2.9	0.2
华北	0.9	9.7	55.7	14.8	6.6	7.5	4.4	0.4
华东	2.1	14.7	54.2	13.5	5.8	6.1	3.3	0.2
华中	0.9	10.0	53.1	19.7	6.6	7.0	2.6	0.1
华南	0.5	8.6	55.1	17.0	8.4	7.1	3.1	0.1
西南	4.0	22.4	47.6	14.3	4.8	4.6	2.1	0.2
西北	3.2	20.5	52.3	13.6	3.9	4.3	2.0	0.1
全国	1.7	13.2	54.2	15.4	6.0	6.2	3.1	0.2

进一步可以将受教育程度分为三类，低学历者（未上过学、小学），中等学历者（初中、高中、中专），高学历者（大学专科、大学本科、研究生），如图 3 - 4 所示，各地区中等学历者比重最高，相差不大，最低的是西南地区，为 66.7%，较高的是华南地区和东北地区，为 80.5% 和 80.2%，低学历者中西南地区和西北地区比重远高于全国水平，分别是 26.4% 和 23.7%，低学历者比重最低的是华南地区，为 9.1%，高学历者比重相差不大，最高的是华北地区，为 12.3%，华南地区（10.3%）和华中地区（9.7%）次之，且都高于全国水平。其中，大学专科比重最高的是华北地区（7.5%），大学本科比重最高的是也是华北地区（4.4%），研究生比重最高的还是华北地区（0.4%），迁移者中高学历者比重还是很小（见表 3 - 5）。

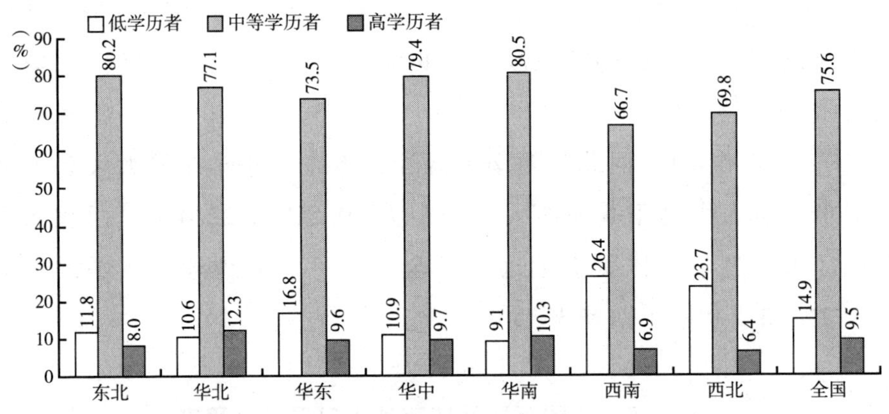

图 3 - 4　我国不同区域流动人口学历分布

四　民族和户口性质

（一）民族

就全国而言，迁移人口中汉族占绝大多数，占比为 92.7%。我国有 56 个民族，不同地区民族人口分布不同，同时人口迁移遵循地缘上由近到远的规律，因此不同地区迁移人口呈现一定民族特征。

表3－6是常见少数民族迁移人口在不同地区的比重。可以看出，东北地区占比排前三位的是满族、朝鲜族、蒙古族流动人口，分别为54.9%、18.5%、17.6%，东北是清王朝发源地，东北三省与内蒙古自治区相邻，迁移人口有较好地缘优势，吉林省延边朝鲜族自治州是全国朝鲜族人口集中地区；华北地区占比排前三位是蒙古族、满族和回族流动人口，分别为33.2%、30.9%、16.2%；华东地区占比排前两位的是苗族和土家族流动人口，分别为26.3%、18.9%；华中地区占比排前三位的是土家族、苗族和回族流动人口，分别为25.9%、21.4%、12.8%；华南地区壮族流动人口占比有一半以上，高达69.2%，因为华南地区包括广西壮族自治区，壮族是人口最多的少数民族；西南地区占比排前两位的是藏族和彝族流动人口，分别为53.1%和12.7%，西南地区包括西藏自治区，藏族人口最多；西北地区回族和维吾尔族流动人口最多，占比分别为68.0%和15.8%，信仰伊斯兰教的回族和维吾尔族人口集中，因此迁移的少数民族人口的比重较高。蒙古族流动人口在西北地区的流动人口中的比重很小，仅仅为1.1%，蒙古族流动人口主要流向了东北和华北地区，限于西北地区的经济状况和就业机会，蒙古族人口在迁移时会主要考虑东北和华北地区。

表3－6　我国不同地区流动人口少数民族分布

单位：%

民族	东北	华北	华东	华中	华南	西南	西北	全国
蒙古族	17.6	33.2	1.5	1.6	0.8	0.3	1.1	4.6
满族	54.9	30.9	1.6	1.0	0.8	0.4	0.4	5.9
回族	3.3	16.2	7.5	12.8	1.0	9.0	68.0	24.3
藏族	0.1	0.6	0.8	0.2	0.8	53.1	4.5	10.4
壮族	0.1	1.2	6.9	2.1	69.2	2.8	0.1	15.6
维吾尔族	0.9	0.7	0.3	1.1	0.1	0.1	15.8	4.7
苗族	0.9	1.4	26.3	21.4	5.6	3.6	0.9	7.5

续表

民族	东北	华北	华东	华中	华南	西南	西北	全国
彝族	0.0	2.6	6.0	5.4	1.2	12.7	0.8	4.1
土家族	0.4	2.2	18.9	25.9	3.0	0.9	1.8	6.2
布依族	0.1	0.1	8.3	5.3	1.0	1.1	0.0	2.0
侗族	0.0	0.6	6.5	8.8	2.9	0.2	0.1	2.3
瑶族	0.0	0.2	0.9	2.0	6.1	0.2	0.0	1.6
朝鲜族	18.5	7.3	1.5	0.1	0.6	0.0	0.0	1.9
白族	1.5	0.4	1.3	1.9	0.3	4.6	0.1	1.3
哈尼族	0.1	0.2	0.4	0.2	0.1	5.9	0.0	1.1
黎族	0.0	0.1	1.0	0.5	4.0	0.0	0.0	1.0
哈萨克族	0.0	0.1	0.0	0.1	0.0	0.0	0.9	0.3
傣族	0.0	0.2	0.6	0.0	0.1	1.2	0.0	0.3
其他	1.5	2.1	9.5	9.6	2.4	3.8	5.3	5.0
总计	100	100	100	100	100	100	100	100

（二）户口性质

我国流动人口户口性质以农业户口为主，占85.5%，非农业户口流动人口只占14.5%。就各地区而言，情况类似且相差不大，只有东北地区非农业户口流动人口远高于全国水平和其他地区水平，高达22.4%（见图3－5）。

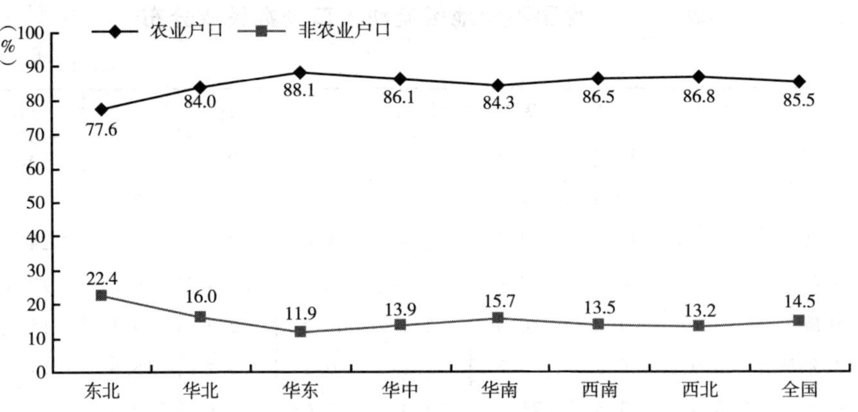

图3－5　我国不同区域流动人口户口性质分布

第二节 我国流动人口的社会经济特征

一 就业和失业

2015 年我国流动人口中就业人口比重为 88.3%，未就业人口占 11.7%。各大区域状况也基本相同，就业人口比重最高的是西南地区，达到了 91.7%，较低的是西北和东北地区，分别为 84.4% 和 85.6%（见图 3－6）。

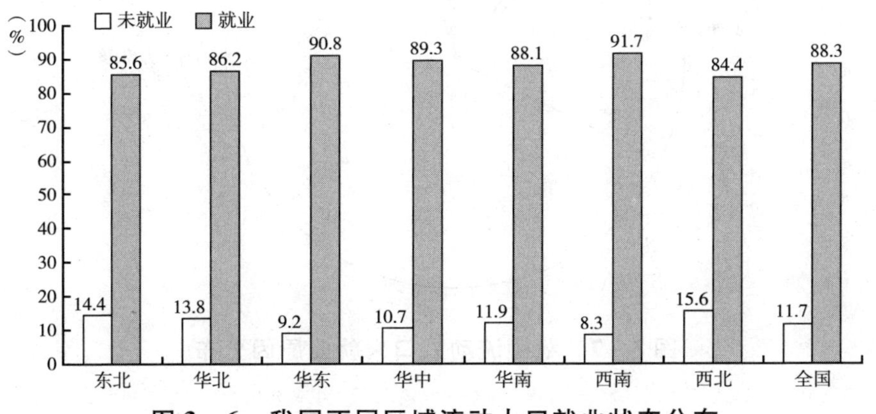

图 3－6 我国不同区域流动人口就业状态分布

针对上述就业状态中的未就业者，将其未就业原因分为丧失劳动能力、退休、料理家务/带孩子、没找工作、由于单位原因失去原工作、由于本人原因失去原工作、怀孕或哺乳。在 198356 位被调查者中，由于各种原因没有工作的人数为 23193 人。我国流动人口未就业原因占比如图 3－7 所示。可知料理家务/带孩子的比重最高，达 63.77%，没找工作次之，占 20.25%，怀孕或哺乳，占 6.68%。

二 就业职业和行业

本次调查中就业的主要职业包括农林牧渔业人员、普通工人及杂工、专业技术人员、办公室工作人员、服务行业人员、其他及无职业者。就全国范围而言，迁入者所选职业比例最高的是服务行业人员，占52.4%，普通工人及杂工次之，占23.0%，农林牧渔业人员和办公室工作人员占比较低，均在5%以内（见表3－7）。

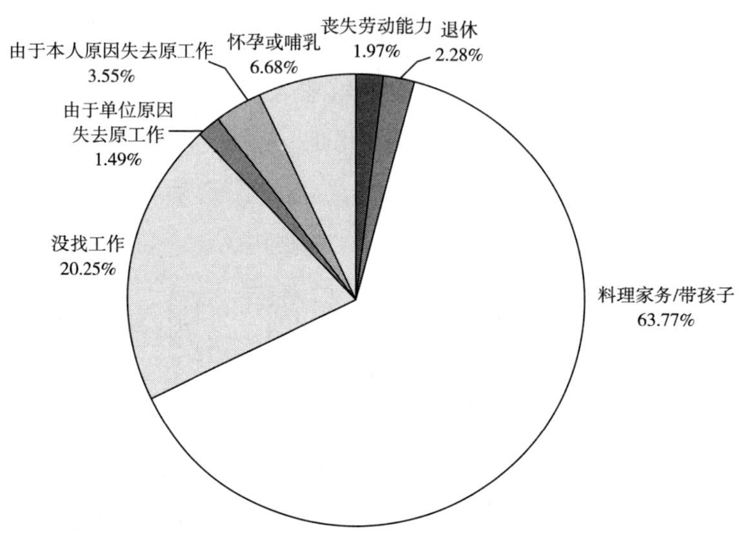

图3－7　我国流动人口未就业原因分布

各地区流动人口职业分布与地区产业结构等有较大关系。从表3－7中可知，各区域流动人口中就业职业比重最高的还是服务行业人员，普通工人及杂工比重次之，但各自比重不同。服务行业人员中，西南和华中地区比重最高，分别为66.2%和65.8%，东北地区比重与全国水平相同，华北地区比重接近全国水平，华东、华南、西北地区比重低于全国水平；普通工人及杂工中，华东地区比重最高，为37.4%，华南地区比重次之，为27.7%，华中地区比重最低，为13.4%；农林牧渔业人员中，比重较高的是西北地区和东北地区，分别为8.5%和5.9%；专业技术人员中，华北、华东、华南地区比重高于全国水平，分别为5.6%、6.7%、5.8%；办公室工作人员中，华北地区和华南地区比重高于全国水平，均为1.7%。

表 3－7　我国不同区域流动人口就业职业分布

单位：%

区域	农林牧渔业人员	普通工人及杂工	专业技术人员	办公室工作人员	服务行业人员	其他及无业者
东北	5.9	15.8	4.0	1.3	52.4	20.5
华北	0.6	20.6	5.6	1.7	53.7	17.8
华东	0.7	37.4	6.7	1.4	42.5	11.3
华中	0.4	13.4	4.5	1.3	65.8	14.6
华南	2.5	27.7	5.8	1.7	45.7	16.6
西南	2.5	14.4	4.0	1.2	66.2	11.8
西北	8.5	14.8	2.7	1.1	49.4	23.5
全国	2.3	23.0	5.1	1.4	52.4	15.8

本次调查中流动人口就业行业分为农林牧渔业、工业、建筑业、服务业和其他及无业。如图 3－8 所示，从全国范围看，比重最高的是服务业（50.7%），工业次之（19.2%）。从表 3－8 可知，服务业中，华中地区比重最高，为 63.3%；农林牧渔业比重较高的是东北和西北地区，分别是 7.1% 和 9.4%，远远高于全国水平（2.6%）；其他及无业中，西北、华南和东北地区比重较高，分别为 25.8%、22.6%、22.2%；工业中，华东地区比重最高，为 36.7%，华南地区比重次之，为 26.2%。建筑业各地区流动人口比重相差不大。

表 3－8　我国不同区域流动人口就业行业分布

单位：%

区域	农林牧渔业	工业	建筑业	服务业	其他及无业
东北	7.1	9.1	8.2	53.4	22.2
华北	0.8	15.7	8.2	53.8	21.5
华东	0.8	36.7	6.5	41.1	14.8
华中	0.6	9.4	7.7	63.3	19.0
华南	2.5	26.2	6.7	41.9	22.6
西南	2.6	9.2	9.7	61.0	17.5
西北	9.4	6.5	9.8	48.4	25.8
全国	2.6	19.2	7.8	50.7	19.7

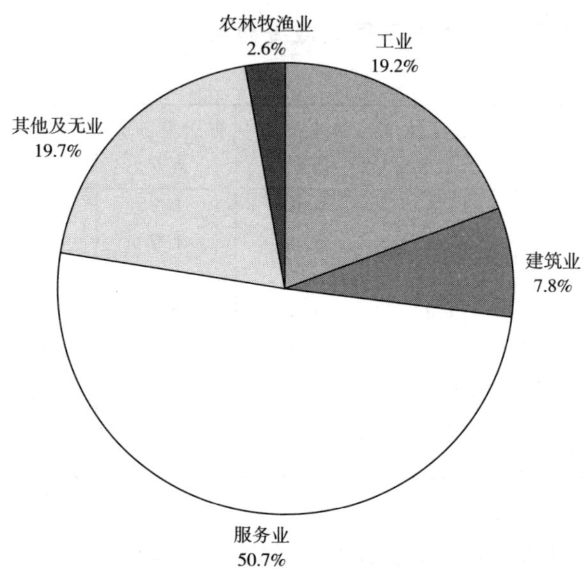

图 3－8　我国流动人口就业行业分布

三　就业单位和身份

就业单位分为机关事业单位、国有企业单位、外资企业单位、民营集体单位、工商个体单位、其他及无单位。从表 3－9、图 3－9 可以看出，从全国范围看，流动人口的就业单位中以工商个体单位为主，占 39. 2%，民营集体单位次之，占 29. 3%，接着是其他及无单位，占 22. 1%，机关事业单位、国有企业单位、外资企业单位比重都很小，低于 5%，说明就全国而言，进入这些高收入高福利单位的流动人口还是很少。

如表 3－9 所示，华北地区各种就业单位比重和全国平均水平较为接近，东北地区民营集体单位比重比其他及无单位略低，分别为 25. 6% 和 27. 8%，东北、华北和西北地区国有企业单位比重均高于机关事业单位和外资企业单位，其比重分别是 5. 9%、4. 8%、6. 3%，高于全国水平，东北和西北地区重工业类型中国有企业比重高，工业基础较好，所以就业者在国企就业机会多于其他省份。华东地区和华南地区流动人口在外资企业单位就业比重要高于其他地区，分别为7.8%和9.3%，高于全国平均水平。这和地区经济发展程度有关，华东和华南地区代表性的城市和省份为上海、江苏、浙江、广东，以外向型经济为主，外商投资企业较多，所以进入外企就业的机会相对而言会多于其他地区。华东和华南地区民营集体单位比重较高，分别为40.3%和31.5%。其他及无单位比重最低的是华东地区，仅为17.0%，说明就业机会较多，农民较少。华中、西南和西北地区的工商个体单位比重远高于其他单位类型，接近一半，分别为50.8%、50.1%和47.3%。

表3－9　我国不同区域流动人口就业单位分布

单位：%

区域	机关事业单位	国有企业单位	外资企业单位	民营集体单位	工商个体单位	其他及无单位
东北	1.7	5.9	2.9	25.6	36.2	27.8
华北	2.0	4.8	2.9	29.3	35.9	25.1
华东	0.9	2.6	7.8	40.3	31.4	17.0
华中	1.6	3.0	1.1	24.1	50.8	19.4
华南	1.8	2.7	9.3	31.5	30.8	23.9
西南	1.9	2.4	0.5	24.6	50.1	20.6
西北	1.8	6.3	0.1	15.9	47.3	28.5
全国	1.6	3.7	4.1	29.3	39.2	22.1

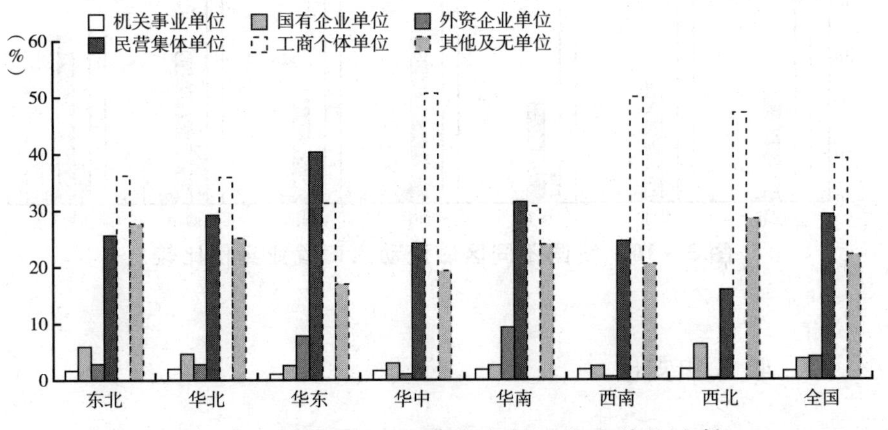

图3－9　我国不同区域流动人口就业单位比较

本次调查中就业身份分为雇员、雇主、自营劳动者、家庭帮工、其他及无业者。从表3－10、图3－10可以看出，从全国范围来看，以雇员为主，占到半数，为50.6%，自营劳动者次之，占26.8%，接着是其他及无业者，占12.4%。各地区就业身份和全国平均水平类似。西北地区雇员比重最低，且和自营劳动者比重接近。而其他地区雇员比重都远高于其他身份。

表3－10　我国不同区域流动人口就业身份比较

单位：%

区域	雇员	雇主	自营劳动者	家庭帮工	其他及无业者
东北	52.6	8.6	22.7	1.1	15.0
华北	51.2	6.3	25.4	2.4	14.7
华东	61.1	6.1	20.8	2.6	9.4
华中	42.5	8.5	34.0	3.5	11.5
华南	55.9	7.9	21.7	2.1	12.4
西南	44.4	12.6	31.9	2.5	8.6
西北	36.2	8.5	35.2	2.9	17.2
全国	50.6	7.7	26.8	2.6	12.4

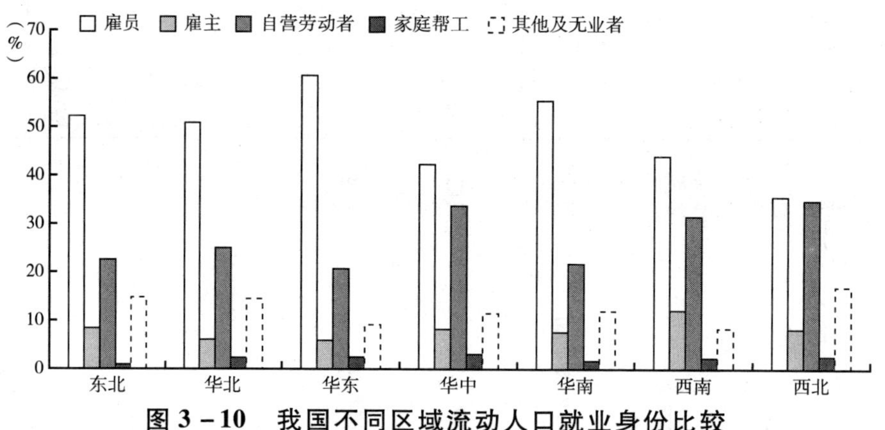

图3－10　我国不同区域流动人口就业身份比较

四　收入和支出

本书通过计算我国流动人口的月食品支出、月房租支出、家庭月总收入、家庭月总支出及月收入均值，来比较2013年我国流动人口在各个区域的经济状况，如表3－11所示。

表3－11　我国不同区域流动人口收入与支出比较

单位：元

区域	各项收入支出均值				
	月食品支出	月房租支出	家庭月总支出	家庭月总收入	月收入
东北	1040. 1	444. 3	2358. 0	4469. 8	2558. 4
华北	1070. 5	585. 2	2506. 7	5187. 6	2798. 2
华东	1203. 8	575. 6	2690. 6	5928. 9	3105. 6
华中	1022. 3	561. 2	2440. 1	4841. 5	2708. 0
华南	1223. 0	564. 7	2613. 4	5100. 7	2768. 9
西南	1004. 9	544. 4	2278. 2	4740. 5	2951. 3
西北	968. 1	466. 5	2161. 4	4762. 7	2691. 3
全国	1095. 0	549. 4	2487. 0	5173. 4	2839. 9

如图3－11所示，2013年我国流动人口月食品支出平均水平为1095. 0元，其中华南和华东地区相对较高，均超过了1200元，分别为1223. 0元和1203. 8元，而西北地区相对较低，仅为968. 1元，也是唯一没有超过1000元的区域。从月房租支出情况来看，我国流动人口月房租支出平均水平为549. 4元，华北和华东地区相对较高，分别为585. 2元和575. 6元，而东北和西北地区相对较低，分别为444. 3元和466. 5元。

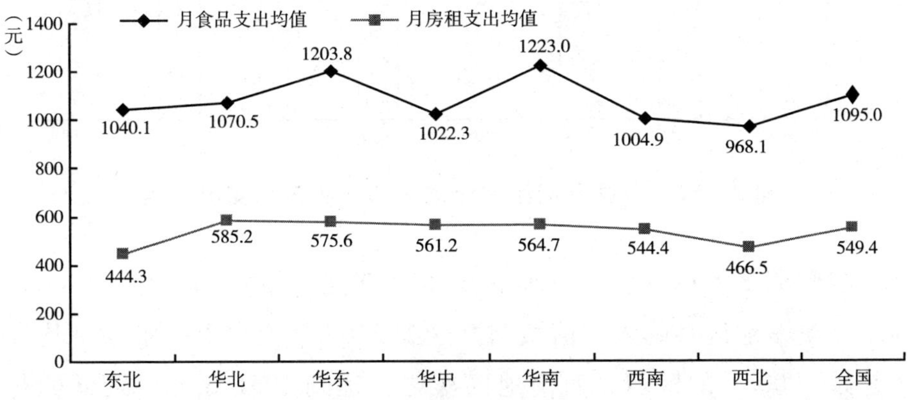

图3－11　我国不同区域流动人口月食品支出均值和月房租支出均值比较

我国流动人口在流入地整个家庭月总支出的平均水平为2487.0元，而各个地区之间还是存在比较明显的差异的，华东和华南地区相对较高，分别为2690.6元和2613.4元，而西北和西南地区相对较低，分别为2161.4元和2278.2元，最高的华东地区和最低的西北地区流动人口家庭月总支出平均水平相差了529.2元。从整个家庭月总收入的情况来看，无论是全国平均水平还是各个地区平均水平，流动人口的家庭月总收入水平明显高于家庭月总支出水平，全国家庭月总收入平均水平为5173.4元，其中华东地区明显高于其他地区，为5928.9元，排在第二位的是华北地区，平均水平为5187.6元，二者相差741.3元，东北地区家庭月总收入相对较少，仅为4469.8元，与华东地区相差将近1500元。住房是流动人口需解决的首要问题，月房租支出占家庭月总收入的比重能反映流动人口在当地的生活状况，其中华中和西南地区相对较高，分别为11.6%和11.5%，华东、西北和东北地区相对较低，均不超过10%，分别为9.7%、9.8%和9.9%（见图3-12）。

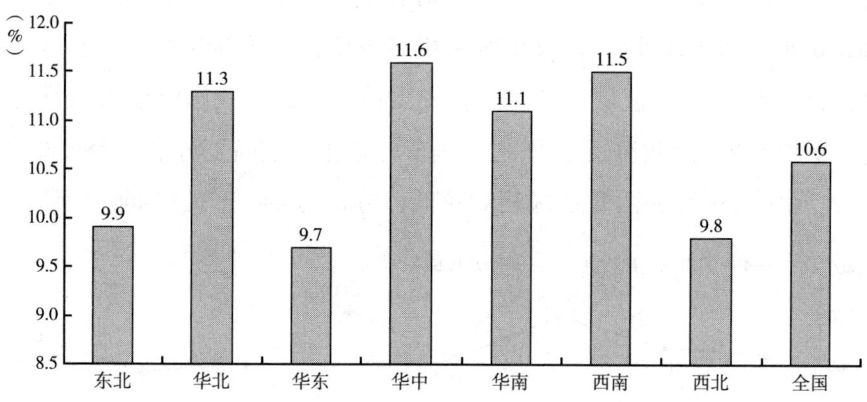

图3-12　我国不同区域流动人口房租占总支出比重

我国流动人口平均收入水平为2839.9元，如图3-13、图3-14所示，华东地区月收入均值最高，达到3105.6元，也是唯一平均收入超过3000元的区域，西南地区次之，达到2951.3元，最低的是东北地区，为2558.4元，各地区差异相对不大。

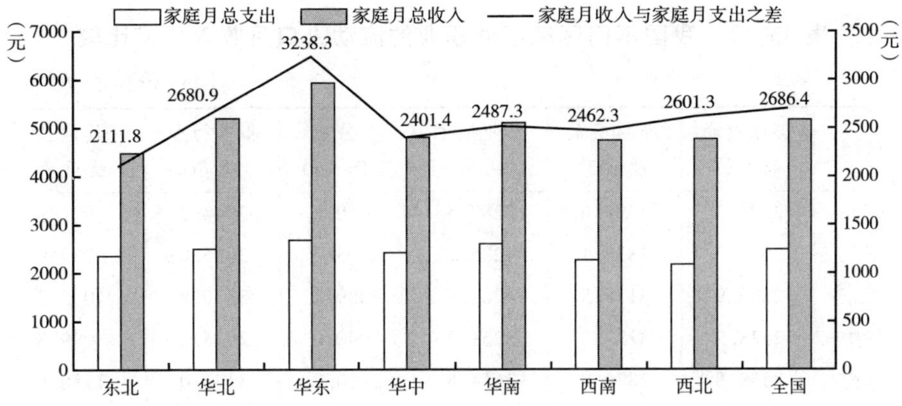

图 3－13　我国不同区域流动人口家庭月总支出和家庭月总收入比较

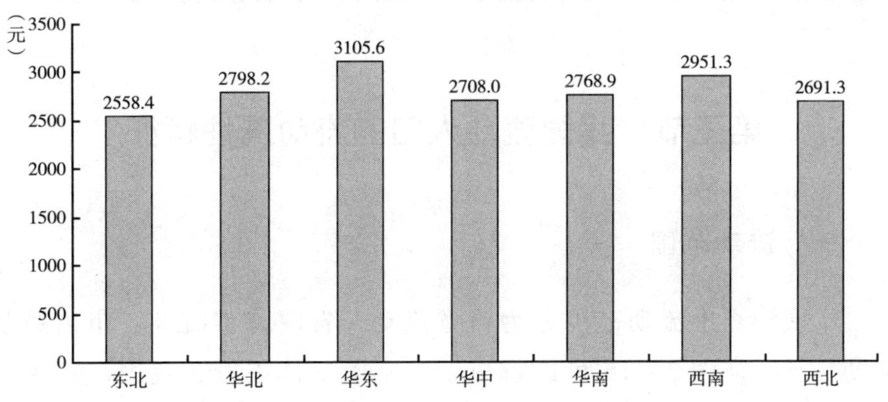

图 3－14　我国不同区域流动人口个人收入水平比较

从表 3－12 可以看出，从我国流动人口不同职业的月收入均值来看，专业技术人员和办公室人员的收入水平相对较高，例如华东地区和华北地区均超过了 4000 元，个别地区（例如东北地区和华中地区）普通工人及杂工的收入水平比办公室人员要高。总体来说，农林牧渔业人员的收入水平明显低于其他职业的就业人员的收入水平，月收入均值均低于 3000 元，个别地区（西南地区和西北地区）不足 2000 元。

表 3-12 我国不同区域不同职业的流动人口月收入均值比较

单位：元

区域	农林牧渔业人员	普通工人及杂工	专业技术人员	办公室工作人员	服务行业人员	其他及无业者
东北	2591.9	3099.6	3283.5	3010.2	2944.2	972.9
华北	2630.3	3333.1	4235.2	4193.2	3036.0	889.2
华东	2883.9	3178.5	4261.8	4089.7	3380.8	1035.7
华中	2628.7	3227.2	3251.3	3090.0	2936.2	999.8
华南	2558.8	2876.0	3614.8	3190.2	3176.0	1158.6
西南	1984.2	3159.4	3329.8	3009.7	3160.0	1590.0
西北	1855.3	3488.7	3550.9	3145.1	3252.0	1194.0
全国	2245.3	3186.1	3862.7	3602.8	3128.6	1065.6

第三节 我国流动人口的流动属性特征

一 流动范围

本次调查中流动范围分为跨省流动、省内跨市流动、市内跨县流动三种。从图 3-15 可以看出，从全国整体来看，我国流动人口的流动类型以跨省流动为主，占一半以上，达到了 52.1%，市内跨县流动占比相对较小，仅为 19.1%。从各个区域来看，跨省流动比重最高的是华东地区，高达 68.7%，华北、华东、华南和西北地区这三种流动类型的相对比重和全国平均水平相似，都是跨省流动高于省内跨市流动，省内跨市流动高于市内跨县流动；东北地区省内跨市流动高于其他两种，比重为 44.5%；西南地区跨省流动和省内跨市流动比重相差不大，分别为 40.4% 和 39.2%；华中地区市内跨县流动比重最高，跨省流动比重最低，情况与全国平均水平相反，市内跨县流动比重高于省内跨市流动比重，省内跨市流动比重高于跨省流动比重，分别为 41.8%、33.8%、24.5%。

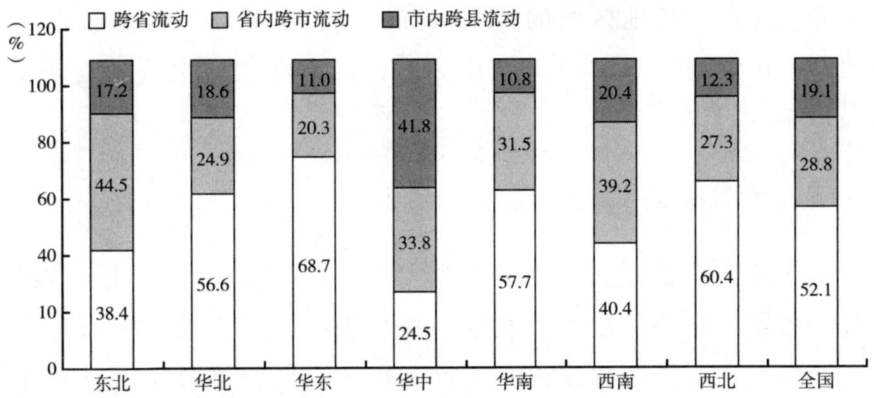

图 3－15 我国不同区域不同流动类型的流动人口分布

二 流入时间

从图 3－16 中可知，不论是全国还是各地区，流动人口中流入时间以 2～5 年为主，占 40% 左右，1 年左右次之，5 年以上比重低，说明流动人口的流动性较大，不会长久待在一个地方，况且流入人员以初婚和未婚青年为主，其家庭一般在老家，在流入地建立家庭的较少，以及年龄结构以 25～34 岁的青壮年劳动力为主，流动原因

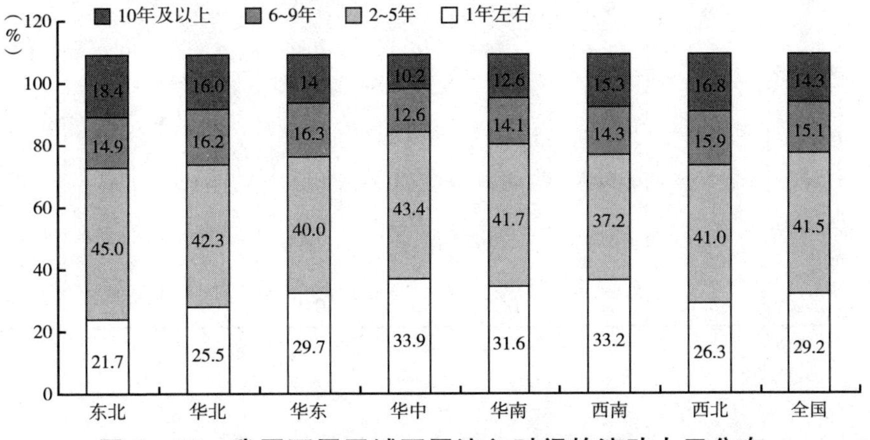

图 3－16 我国不同区域不同流入时间的流动人口分布

多为务工经商，各地区间的经济状况、社会发展水平的差异以及就业机会等因素对其迁移流动产生影响，因此流入人员流动时长以5年及以下的居多。

三　流入原因

本次调查中流动人口的流入原因分为务工经商、随迁、婚嫁、拆迁、投亲、学习、出生、其他。从表3－13看，就全国而言，务工经商是最主要的迁移原因，比重高达88.6%，随迁次之，随迁人员通常包括夫妻另一方和子女，其他原因占比都很小。从表3－4中看出，迁移人口的婚姻结构以初婚占绝大多数，占比为75.2%，未婚次之，占21.7%。务工经商中华东、西南和华南地区比重高，分别为92.3%、91.5%和90.4%，均超过了90%，分别高于全国平均水平3.7个、2.9个和1.8个百分点；随迁中华北和西北地区比重高，分别为11.0%和10.8%。

表3－13　我国不同区域不同流动原因的流动人口分布

单位：%

区域	务工经商	随迁	婚嫁	拆迁	投亲	学习	出生	其他
东北	86.6	9.4	0.6	0.1	1.2	0.5	0.1	1.4
华北	85.1	11.0	0.6	0.1	0.9	0.8	0.2	1.3
华东	92.3	5.3	0.2	0.1	0.7	0.4	0.0	0.9
华中	88.9	7.4	0.4	0.2	0.8	0.6	0.0	1.7
华南	90.4	6.0	0.5	0.0	0.8	0.4	0.1	1.7
西南	91.5	3.7	0.5	0.1	1.2	0.5	0.1	2.4
西北	82.7	10.8	1.4	0.1	1.6	1.0	0.2	2.3
全国	88.6	7.7	0.5	0.1	0.9	0.6	0.1	1.5

第四章　中国流动人口就业状况分析

第一节　就业状态

我国流动人口就业状况分析为本书主要研究内容之一。根据2013年全国流动人口动态监测数据，进一步分析我国流动人口就业状况，为后文研究影响我国流动人口就业的因素提供基础。

一　地区就业状态

如表4－1所示，从全国范围来看，抽样的样本中88.3%的流动人口处于就业状态，11.7%处于无业或失业状态，由于本次调查抽样的对象全部为15～59岁劳动年龄人口，因此样本显示出我国流动人口在流入到流入地后的就业率比较高。根据我国行政划分的七大区域来看，西南地区和华东地区流动人口就业率较高，比重超过了90%，分别高出全国平均水平3.4个和2.5个百分点；而东北地区和西北地区相对较低，分别低于全国平均水平2.7个和3.9个百分点。

二　性别与就业状态

从性别与就业状态来看，男性人口中处于就业状态的人口比重为95.8%，高于女性人口中就业人口的比重（79.6%），且高出16.2个百分点（见表4－2）；就业人口中男性人口占58.2%，高于女性人口的比重（48.1%），而在无业或失业人口中，女性人口比重高达80.8%（见图4－1），这说明男性比女性更容易就业，而无业或失业的人口中女性人口占大多数。

表4－1　我国不同区域流动人口就业状态

单位：人，%

区域		就业状态		合计
		否	是	
东北	计数	2014	11972	13986
	比重	14.4	85.6	100.0
华北	计数	5232	32584	37816
	比重	13.8	86.2	100.0
华东	计数	4657	46205	50862
	比重	9.2	90.8	100.0
华中	计数	3755	31207	34962
	比重	10.7	89.3	100.0
华南	计数	2729	20239	22968
	比重	11.9	88.1	100.0
西南	计数	1232	13568	14800
	比重	8.3	91.7	100.0
西北	计数	3574	19388	22962
	比重	15.6	84.4	100.0
全国	计数	23193	175163	198356
	比重	11.7	88.3	100.0

表4－2　我国分性别流动人口就业状态

单位：人，%

性别		就业状态		合计
		否	是	
男	计数	4447	102032	106479
	比重	4.2	95.8	100.0
女	计数	18746	73131	91877
	比重	20.4	79.6	100.0

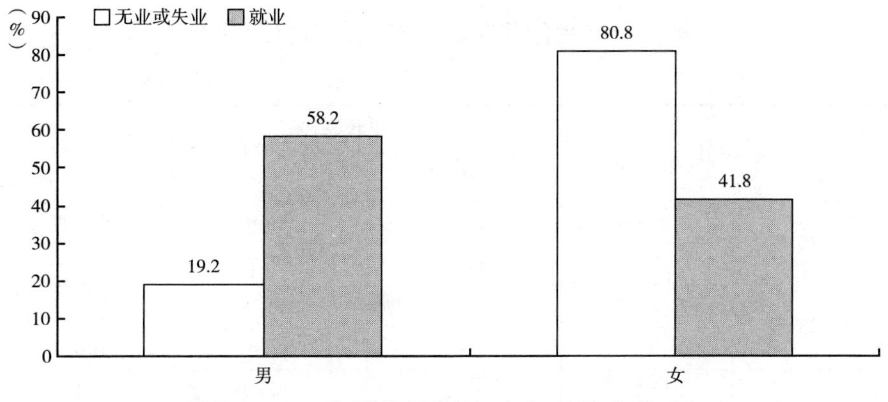

图 4－1　我国分性别流动人口就业状态

三　年龄与就业状态

如图 4－2、表 4－3 所示，从各个年龄组就业人口所占比重来看，40～44 岁和 45～49 岁年龄组就业人口比重较高，甚至超过了 90%，说明这两个年龄组的流动人口就业率更高；而 50～54 岁和 55～59 岁年龄组的流动人口就业率出现较大幅度的下降，随着年龄的增加，积累一定的工作经验可能有利于流动人口的就业，但到了临近退休年龄，由于生理上的限制，就业相对困难一些。我国流动人口各年龄组无业或失业状态比重如图 4－3 所示。

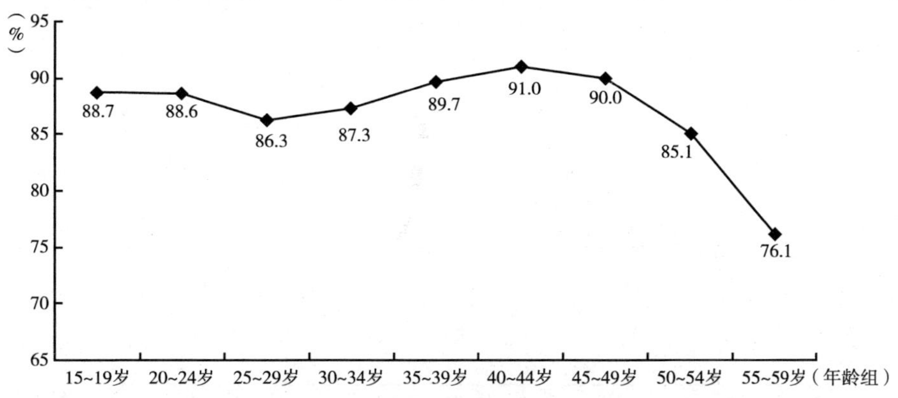

图 4－2　我国流动人口各年龄组就业人口比重

表 4－3 我国各年龄组流动人口就业状态

单位：人，%

年龄组		就业状态		合计
		否	是	
15～19 岁	计数	1222	9568	10790
	比重	11.3	88.7	100.0
20～24 岁	计数	3225	25158	28383
	比重	11.4	88.6	100.0
25～29 岁	计数	5233	32889	38122
	比重	13.7	86.3	100.0
30～34 岁	计数	4431	30394	34825
	比重	12.7	87.3	100.0
35～39 岁	计数	3226	28158	31384
	比重	10.3	89.7	100.0
40～44 岁	计数	2658	26964	29622
	比重	9.0	91.0	100.0
45～49 岁	计数	1671	15030	16701
	比重	10.0	90.0	100.0
50～54 岁	计数	842	4819	5661
	比重	14.9	85.1	100.0
55～59 岁	计数	685	2183	2868
	比重	23.9	76.1	100.0

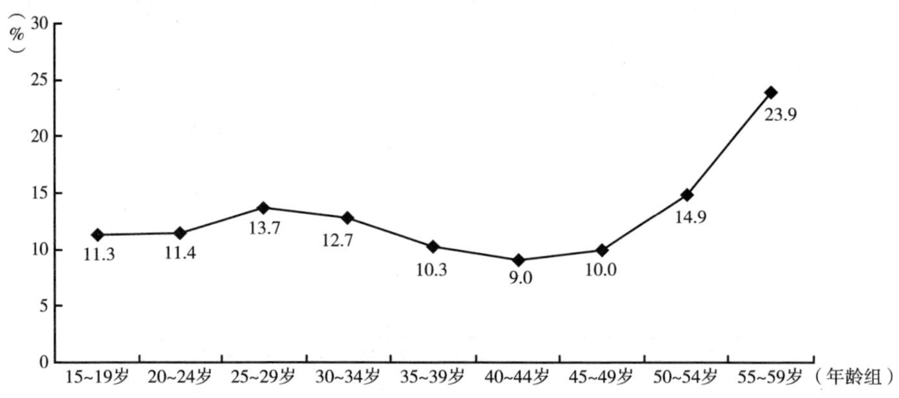

图 4－3 我国流动人口各年龄组无业或失业状态比重

四　受教育程度与就业状态

如表4－4所示，从就业状态与流动人口受教育程度关系来看，未上过学和具有小学受教育水平的流动人口就业比重仅为81.4%和85.1%，而具有大学专科以上受教育水平的流动人口就业比重均超过90%，具有大学本科和研究生学历的流动人口就业比重均达到92.2%。随着受教育水平的不断提高，失业人口所占的比重不断减小，就业人口的比重不断提高，这也说明了提高受教育水平更有利于流动人口就业。

表4－4　我国各受教育程度流动人口就业状态

单位：人，%

受教育程度		就业状态		合计
		否	是	
未上过学	计数	612	2678	3290
	比重	18.6	81.4	100.0
小学	计数	3905	22311	26216
	比重	14.9	85.1	100.0
初中	计数	12621	94903	107524
	比重	11.7	88.3	100.0
高中	计数	3139	27429	30568
	比重	10.3	89.7	100.0
中专	计数	1269	10599	11868
	比重	10.7	89.3	100.0
大学专科	计数	1140	11218	12358
	比重	9.2	90.8	100.0
大学本科	计数	474	5633	6107
	比重	7.8	92.2	100.0
研究生	计数	33	392	425
	比重	7.8	92.2	100.0

五　户口性质与就业状态

如表 4－5 所示，从户口性质与就业状态来看，无论农业户口还是非农业户口，就业人口比重均远远高于无业或失业人口比重，而且农业人口的就业人口比重（88.4%）甚至高于非农业人口的就业比重（87.9%），在一定程度上能够说明，流动人口在流入地选择就业时，户口对其就业产生的影响不大。

表 4－5　我国不同户口性质流动人口就业状态

单位：人，%

户口性质		就业状态		合计
		否	是	
农业	计数	19723	149927	169650
	比重	11.6	88.4	100.0
非农业	计数	3470	25236	28706
	比重	12.1	87.9	100.0

六　婚姻状况与就业状态

如表 4－6 所示，从婚姻状况与就业状态来看，无论哪种婚姻状况的人口，就业人口比重都远远高于无业或失业人口比重，甚至未婚和离婚的就业人口比重超过了 90%，与之对应的初婚和再婚人口中，处于无业或失业状态的人口比重相对较高，分别达到 13.2% 和 16.5%，这说明未婚和离婚状态下的人口，在选择就业的时候不受家庭因素的制约，选择的范围比较宽泛，职业选择更加自由，可能更有利于其就业。

表4-6　我国各婚姻状况流动人口就业状态

单位：人，%

婚姻状况		就业状态		合计
		否	是	
未婚	计数	2759	40195	42954
	比重	6.4	93.6	100.0
初婚	计数	19625	129537	149162
	比重	13.2	86.8	100.0
再婚	计数	401	2026	2427
	比重	16.5	83.5	100.0
离婚	计数	283	2815	3098
	比重	9.1	90.9	100.0
丧偶	计数	125	590	715
	比重	17.5	82.5	100.0

七　流动范围与就业状态

如表4-7所示，从流动范围与就业状态的关系来看，无论哪种流动范围，就业人口比重都远远大于无业或失业人口比重，并且均高于85%，其中跨省流动的人口就业比重较高，达到89.8%，省内跨市的流动人口就业比重次之，为87.2%，这说明随着流动距离的不断增加，就业率也增加，从另一个侧面也反映出，流动距离越长，其发生流动的代价越大，如果没有更好的就业机会，流动人口就不会选择较长距离的流动。

八　流入时间与就业状态

如表4-8所示，从流入时间与就业状态来看，不论流入时间的长短，就业人口的比重都变化不大，流入时间为1年左右、2~5年、6~9年和10年及以上的流动人口就业人口所占比重分别为

88.6%、87.9%、88.3%和88.7%，其最大值和最小值差不到1个百分点，这说明流入时间的长短对我国流动人口就业基本不会产生影响。

表4-7　我国不同流动范围流动人口就业状态

单位：人，%

流动范围		就业状态		合计
		否	是	
跨省流动	计数	10512	92849	103361
	比重	10.2	89.8	100.0
省内跨市流动	计数	7316	49724	57040
	比重	12.8	87.2	100.0
市内跨县流动	计数	5365	32590	37955
	比重	14.1	85.9	100.0

表4-8　我国不同流入时间流动人口就业状态

单位：人，%

流入时间		就业状态		合计
		否	是	
1年左右	计数	6582	51279	57861
	比重	11.4	88.6	100.0
2~5年	计数	9939	72364	82303
	比重	12.1	87.9	100.0
6~9年	计数	3487	26423	29910
	比重	11.7	88.3	100.0
10年及以上	计数	3185	25097	28282
	比重	11.3	88.7	100.0

第二节　就业职业

一　地区与就业职业

如表4－9所示，从不同地区来看，华中和西南地区的流动人口选择服务行业人员比重较高，甚至超过了60%，东北和华北地区流动人口选择服务行业人员比重超过了50%，华东、西北和华南地区流动人口选择服务行业人员比重分别为42.5%、49.4%和45.7%，这与华中和西南地区旅游业比较发达有很大关系，服务业相对容易就业；西北、东北地区流动人口选择其他及无业者的比重分别排在第一、二位，均超过了20%，在一定程度上说明西北和东北地区存在一定的剩余劳动力；华东和华南地区普通工人及杂工的比重分别排在第一、二位，分别为37.4%和27.7%，同时华东、华南和华北地区专业技术人员比重较高，可能是由于这三个地区经济较发达，对普通工人及杂工和专业技术人员的需求更大，流动人口选择这样的职业更容易就业。

表4－9　我国不同区域流动人口就业职业分布

单位：人，%

区域		主要职业						合计
		农林牧渔业人员	普通工人及杂工	专业技术人员	办公室工作人员	服务行业人员	其他及无业者	
东北	计数	832	2212	563	185	7328	2866	13986
	比重	5.9	15.8	4.0	1.3	52.4	20.5	100.0
华北	计数	242	7782	2101	636	20319	6736	37816
	比重	0.6	20.6	5.6	1.7	53.7	17.8	100.0
华东	计数	381	19005	3392	714	21631	5739	50862
	比重	0.7	37.4	6.7	1.4	42.5	11.3	100.0

续表

区域		主要职业						合计
		农林牧渔业人员	普通工人及杂工	专业技术人员	办公室工作人员	服务行业人员	其他及无业者	
华中	计数	138	4686	1582	447	23014	5095	34962
	比重	0.4	13.4	4.5	1.3	65.8	14.6	100.0
华南	计数	571	6358	1332	400	10500	3807	22968
	比重	2.5	27.7	5.8	1.7	45.7	16.6	100.0
西南	计数	368	2125	593	175	9800	1739	14800
	比重	2.5	14.4	4.0	1.2	66.2	11.8	100.0
西北	计数	1950	3389	631	252	11339	5401	22962
	比重	8.5	14.8	2.7	1.1	49.4	23.5	100.0
全国	计数	4482	45557	10194	2809	103931	31383	198356
	比重	2.3	23.0	5.1	1.4	52.4	15.8	100.0

二　性别与就业职业

如表4－10、图4－4所示，从性别来看流动人口的就业职业，男性人口和女性人口既有相同点也有不同点：无论男女选择服务行业人员的比重都较高，均超过了50%，女性人口以53.2%的比重高出男性人口1.5个百分点；由于生理上的差别，男性人口中选择普通工人及杂工和专业技术人员的比重分别为28.9%和6.8%，远远高于女性人口的16.1%和3.3%，而女性人口选择其他及无业者的比重为24.0%，大约为男性人口比重的3倍，这与女性人口中有些是随迁人口，流动原因并不以工作为主有关；选择农林牧渔业人员和办公室工作人员的男性人口和女性人口的比重差距不是很大。

表 4－10　我国不同性别流动人口就业职业分布

单位：人，%

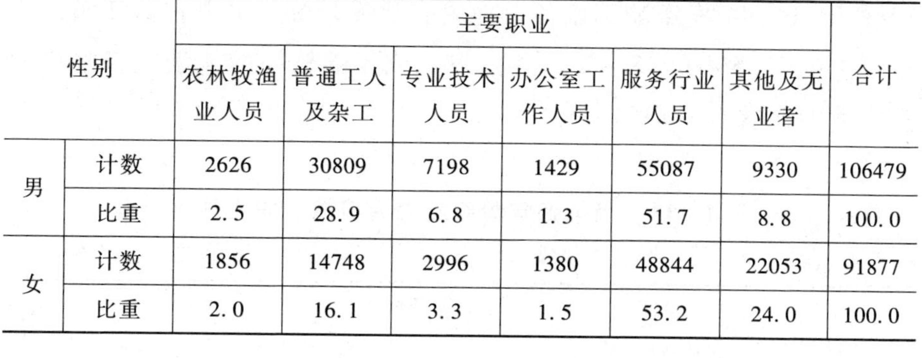

性别		主要职业						合计
		农林牧渔业人员	普通工人及杂工	专业技术人员	办公室工作人员	服务行业人员	其他及无业者	
男	计数	2626	30809	7198	1429	55087	9330	106479
	比重	2.5	28.9	6.8	1.3	51.7	8.8	100.0
女	计数	1856	14748	2996	1380	48844	22053	91877
	比重	2.0	16.1	3.3	1.5	53.2	24.0	100.0

图 4－4　我国不同性别流动人口就业职业分布

三　年龄与就业职业

如表 4－11 所示，从不同年龄组选择的就业职业来看，年龄越大选择农林牧渔业人员的流动人口比重逐渐升高，这说明一方面随着年龄的增加，从事农林牧渔业的经验越多，选择农林牧渔业的人员更容易就业；另一方面也说明越来越多的年轻人主观上不愿意从事农林牧渔业的工作。各年龄组中普通工人及杂工的比重差距不是很大，只有 55～59 岁年龄组的比重（18.0%）低于 20%，这也是受年龄增加、身体状况下降等原因的影响；25～29 岁年龄组的专业技术人员和办公室工作人员比重较高，分别为 7.5% 和 2.3%；35～39 岁和 40～44 岁年龄组服务行业人员比重较高，分别占其年龄组人口比重的 55.5% 和 55.4%，年龄较大或年龄较小的流动人口选择服务行业的比重有一定的下降。

表 4－11　我国各年龄组流动人口就业职业分布

单位：人，%

年龄组		主要职业						合计
		农林牧渔业人员	普通工人及杂工	专业技术人员	办公室工作人员	服务行业人员	其他及无业者	
15～19岁	计数	144	2900	387	32	4729	2598	10790
	比重	1.3	26.9	3.6	0.3	43.8	24.1	100.0
20～24岁	计数	343	7305	1913	419	14212	4191	28383
	比重	1.2	25.7	6.7	1.5	50.1	14.8	100.0
25～29岁	计数	460	8310	2868	862	19291	6331	38122
	比重	1.2	21.8	7.5	2.3	50.6	16.6	100.0
30～34岁	计数	571	7275	2112	653	18705	5509	34825
	比重	1.6	20.9	6.1	1.9	53.7	15.8	100.0
35～39岁	计数	784	7261	1230	317	17418	4374	31384
	比重	2.5	23.1	3.9	1.0	55.5	13.9	100.0
40～44岁	计数	1004	7039	964	256	16408	3951	29622
	比重	3.4	23.8	3.3	0.9	55.4	13.3	100.0
45～49岁	计数	749	3788	473	161	9113	2417	16701
	比重	4.5	22.7	2.8	1.0	54.6	14.5	100.0
50～54岁	计数	280	1163	175	72	2827	1144	5661
	比重	4.9	20.5	3.1	1.3	49.9	20.2	100.0
55～59岁	计数	147	516	72	37	1228	868	2868
	比重	5.1	18.0	2.5	1.3	42.8	30.3	100.0

四　受教育程度与就业职业

如表4－12所示，从受教育程度与就业职业来看，未上过学和具有小学受教育程度的流动人口选择农林牧渔业人员比重较高，分别为9.6%和6.0%；具有小学和初中受教育程度的流动人口选择普通工人及杂工的比重较高，分别为26.6%和25.1%；具有大学专科、大学本科和研究生受教育程度的流动人口选择专业技术人员比重较高，分别为18.2%、29.0%和44.7%；办公室工作人员与专业技术人员的情况差不多，随着受教育程度不断提高，就业人口的比重相对越高；具有高中和中专受教育程度的流动人口选择服务业人员的比重较高，均超过了50%，分别为59.8%和51.7%；其他及无业者则是随着流动人口受教育程度的提高比重不断下降，只不过大学本科以上高学历的流动人口比重并没有明显下降。综上所述，受教育程度与就业职业的选择之间存在一定的关系，受教育程度越高，选择的职业的专业性更强。

表4－12　我国不同受教育程度流动人口就业职业分布

单位：人，%

受教育程度		主要职业						合计
		农林牧渔业人员	普通工人及杂工	专业技术人员	办公室工作人员	服务行业人员	其他及无业者	
未上过学	计数	316	736	34	5	1388	811	3290
	比重	9.6	22.4	1.0	0.2	42.2	24.7	100.0
小学	计数	1585	6982	375	34	11925	5315	26216
	比重	6.0	26.6	1.4	0.1	45.5	20.3	100.0
初中	计数	2128	27010	3008	344	58283	16751	107524
	比重	2.0	25.1	2.8	0.3	54.2	15.6	100.0
高中	计数	284	5685	1398	399	18290	4512	30568
	比重	0.9	18.6	4.6	1.3	59.8	14.8	100.0

续表

受教育程度		主要职业						合计
		农林牧渔业人员	普通工人及杂工	专业技术人员	办公室工作人员	服务行业人员	其他及无业者	
中专	计数	77	2582	1164	270	6140	1635	11868
	比重	0.6	21.8	9.8	2.3	51.7	13.8	100.0
大学专科	计数	53	1864	2252	840	5773	1576	12358
	比重	0.4	15.1	18.2	6.8	46.7	12.8	100.0
大学本科	计数	34	680	1773	837	2053	730	6107
	比重	0.6	11.1	29.0	13.7	33.6	12.0	100.0
研究生	计数	5	18	190	80	79	53	425
	比重	1.2	4.2	44.7	18.8	18.6	12.5	100.0

五　户口性质与就业职业

如图 4－5、表 4－13 所示，从户口性质与就业职业来看，农业户口的流动人口选择农林牧渔业人员的比重比非农业户口的流动人口选择农林牧渔业人员的比重多 1.5 个百分点，选择普通工人及杂工的比重也高出非农业户口流动人口选择普通工人及杂工的比重将近 10 个百分点；而非农业户口的流动人口选择专业技术人员和办

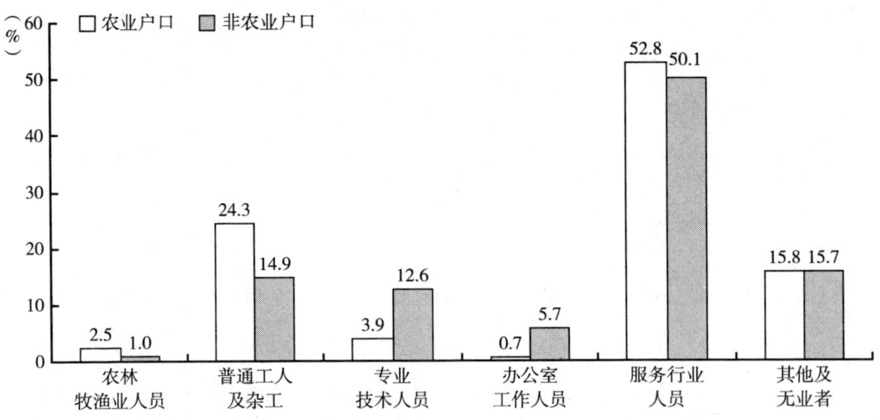

图 4－5　我国不同户口性质流动人口就业职业分布

公室工作人员的比重分别为 12.6% 和 5.7%，分别比农业户口的流动人口选择专业技术人员和办公室工作人员的比重多 8.7 个和 5 个百分点；服务行业人员和其他及无业者的比重没有太大差距。这说明选择农林牧渔业人员和普通工人及杂工的流动人口的户口性质以农业户口为主，而选择专业技术人员和办公室工作人员的流动人口的户口性质以非农业户口为主。

表 4－13　我国不同户口性质流动人口就业职业分布

单位：人，%

户口性质		主要职业						合计
		农林牧渔业人员	普通工人及杂工	专业技术人员	办公室工作人员	服务行业人员	其他及无业者	
农业	计数	4206	41281	6581	1159	89556	26867	169650
	比重	2.5	24.3	3.9	0.7	52.8	15.8	100.0
非农业	计数	276	4276	3613	1650	14375	4516	28706
	比重	1.0	14.9	12.6	5.7	50.1	15.7	100.0

六　婚姻状况与就业职业

如表 4－14 所示，从婚姻状况与就业职业来看，再婚和丧偶的流动人口选择农林牧渔业人员比重较高，分别为 3.9% 和 3.6%，未婚流动人口选择农业牧渔业人员比重较低，仅为 1.2%；而未婚的流动人口选择普通工人及杂工的比重较高，达到 25.3%，离婚的流动人口选择普通工人及杂工的比重较低，为 18.3%；未婚的流动人口选择专业技术人员和办公室工作人员的比重较高，分别为 7.5% 和 1.8%，丧偶的流动人口选择专业技术人员和办公室工作人员的比重较低，分别为 1.7% 和 0.7%；离婚的流动人口选择服务行业人员的比重最高，为 61.3%，丧偶和再婚的流动人口选择其他及无业者的比重较高，分别为 22.9% 和 21.3%。

表 4-14 我国各婚姻状况流动人口就业职业分布

单位：人，%

婚姻状况		主要职业						合计
		农林牧渔业人员	普通工人及杂工	专业技术人员	办公室工作人员	服务行业人员	其他及无业者	
未婚	计数	515	10876	3217	774	22270	5302	42954
	比重	1.2	25.3	7.5	1.8	51.8	12.3	100.0
初婚	计数	3779	33481	6778	1961	78198	24965	149162
	比重	2.5	22.4	4.5	1.3	52.4	16.7	100.0
再婚	计数	95	487	97	31	1200	517	2427
	比重	3.9	20.1	4.0	1.3	49.4	21.3	100.0
离婚	计数	67	568	90	38	1900	435	3098
	比重	2.2	18.3	2.9	1.2	61.3	14.0	100.0
丧偶	计数	26	145	12	5	363	164	715
	比重	3.6	20.3	1.7	0.7	50.8	22.9	100.0

七　流动范围与就业职业

如表 4-15 所示，从流动范围与就业职业来看，省内跨市的流动人口和跨省流动人口选择农林牧渔业人员的比重较高，分别为 2.6%

表 4-15 我国各流动范围流动人口就业职业分布

单位：人，%

流动范围		主要职业						合计
		农林牧渔业人员	普通工人及杂工	专业技术人员	办公室工作人员	服务行业人员	其他及无业者	
跨省流动	计数	2533	29515	5595	1223	50201	14294	103361
	比重	2.5	28.6	5.4	1.2	48.6	13.8	100.0
省内跨市流动	计数	1505	9721	2821	817	32299	9877	57040
	比重	2.6	17.0	4.9	1.4	56.6	17.3	100.0
市内跨县流动	计数	444	6321	1778	769	21431	7212	37955
	比重	1.2	16.7	4.7	2.0	56.5	19.0	100.0

和2.5%；跨省流动人口选择普通工人及杂工和专业技术人员的比重最高，分别为28.6%和5.4%；办公室工作人员和其他及无业者比重则是市内跨县的流动人口比重最高，分别为2.0%和19.0%。这说明远距离迁移流动的人口一般选择技术性较强的职业，而随迁人口一般以近距离迁移流动为主。

八 流入时间与就业职业

如表4-16所示，从流入时间与就业职业来看，流入时间越长，选择农林牧渔业的流动人口比重越高；而流入时间越长，选择普通工人及杂工的流动人口比重越低；选择办公室工作人员和服务行业人员的流动人口比重与流入时间长短关系不是很大。

表4-16 我国各流入时间流动人口就业职业分布

单位：人，%

流入时间		主要职业						合计
		农林牧渔业人员	普通工人及杂工	专业技术人员	办公室工作人员	服务行业人员	其他及无业者	
1年左右	计数	799	15707	3062	696	28905	8692	57861
	比重	1.4	27.1	5.3	1.2	50.0	15.0	100.0
2~5年	计数	1283	17757	4285	1328	44278	13372	82303
	比重	1.6	21.6	5.2	1.6	53.8	16.2	100.0
6~9年	计数	897	6511	1668	452	15639	4743	29910
	比重	3.0	21.8	5.6	1.5	52.3	15.9	100.0
10年及以上	计数	1503	5582	1179	333	15109	4576	28282
	比重	5.3	19.7	4.2	1.2	53.4	16.2	100.0

第三节 就业身份

一 地区与就业身份

如表4-17所示，从全国范围来说，就业身份为雇员的人口比重最高，并且超过了50%，达到了50.6%；家庭帮工者最少，占比仅为2.6%。从不同地区各个就业身份的人口比重来看，华东地区就业身份为雇员的人口比重很高，达到了61.1%，而西北地区就业身份为雇员的人口比重较低，为36.2%，雇员的比重可能与经济水平有关；此外，西北地区的自营劳动者与其他及无业者的比重也相对较高，分别为35.2%和17.2%。

表4-17　我国不同区域流动人口就业身份比较

单位：人，%

区域		就业身份					合计
		雇员	雇主	自营劳动者	家庭帮工者	其他及无业者	
东北	计数	7360	1199	3181	148	2098	13986
	比重	52.6	8.6	22.7	1.1	15.0	100.0
华北	计数	19349	2389	9624	904	5550	37816
	比重	51.2	6.3	25.4	2.4	14.7	100.0
华东	计数	31079	3079	10591	1309	4804	50862
	比重	61.1	6.1	20.8	2.6	9.4	100.0
华中	计数	14876	2966	11889	1218	4013	34962
	比重	42.5	8.5	34.0	3.5	11.5	100.0
华南	计数	12830	1814	4977	490	2857	22968
	比重	55.9	7.9	21.7	2.1	12.4	100.0
西南	计数	6565	1869	4721	366	1279	14800
	比重	44.4	12.6	31.9	2.5	8.6	100.0
西北	计数	8315	1943	8083	668	3953	22962
	比重	36.2	8.5	35.2	2.9	17.2	100.0
全国	计数	100374	15259	53066	5103	24554	198356
	比重	50.6	7.7	26.8	2.6	12.4	100.0

二　性别与就业身份

如表4-18所示，从性别与就业身份的人口比重来看，男性中雇员、雇主与自营劳动者的比重均高于女性，而女性中家庭帮工与其他及无业者的比重则远高于男性，这与女性人口中有些是随迁人口，流动原因并不以工作为主有关。

表 4－18　我国不同性别流动人口就业身份比较

单位：人，%

性别		就业身份					合计
		雇员	雇主	自营劳动者	家庭帮工	其他及无业者	
男	计数	58099	9585	32371	1162	5262	106479
	比重	54.6	9.0	30.4	1.1	4.9	100.0
女	计数	42275	5674	20695	3941	19292	91877
	比重	46.0	6.2	22.5	4.3	21.0	100.0

三　年龄与就业身份

如表 4－19 所示，从不同年龄段各个就业身份的人口比重来看，15～19 岁与20～24 岁选择雇员的比重很高，分别为 67.4% 与 68.8%；随着年龄的增加，雇主与自营劳动者比重也基本会随之升高；15～19 岁选择家庭帮工的比重较高，为 4.2%；此外，15～19 岁与 55～59 岁中其他及无业者的比重均较高，分别为 21.5% 与 23.9%，即年龄较小与年龄较大中其他及无业者的比重相对较高。

表 4－19　我国各年龄组流动人口就业身份比较

单位：人，%

年龄组		就业身份					合计
		雇员	雇主	自营劳动者	家庭帮工	其他及无业者	
15～19 岁	计数	7275	111	627	454	2323	10790
	比重	67.4	1.0	5.8	4.2	21.5	100.0
20～24 岁	计数	19524	1004	3715	691	3449	28383
	比重	68.8	3.5	13.1	2.4	12.2	100.0

续表

年龄组		就业身份					合计
		雇员	雇主	自营劳动者	家庭帮工	其他及无业者	
25～29岁	计数	21121	2511	8392	843	5255	38122
	比重	55.4	6.6	22.0	2.2	13.8	100.0
30～34岁	计数	16288	3197	10030	869	4441	34825
	比重	46.8	9.2	28.8	2.5	12.8	100.0
35～39岁	计数	13410	3155	10721	871	3227	31384
	比重	42.7	10.1	34.2	2.8	10.3	100.0
40～44岁	计数	12457	2914	10818	773	2660	29622
	比重	42.1	9.8	36.5	2.6	9.0	100.0
45～49岁	计数	6867	1670	6069	423	1672	16701
	比重	41.1	10.0	36.3	2.5	10.0	100.0
50～54岁	计数	2285	489	1937	108	842	5661
	比重	40.4	8.6	34.2	1.9	14.9	100.0
55～59岁	计数	1147	208	757	71	685	2868
	比重	40.0	7.3	26.4	2.5	23.9	100.0

四　受教育程度与就业身份

如表4－20所示，从不同受教育程度各个就业身份的人口比重来看，大学本科与研究生中雇员的比重很高，分别达到了76.9%与82.8%；此外，大学本科与研究生选择家庭帮工的比重很低，分别仅为0.8%与0.0%；高中及以下选择自营劳动者的比重很高；未上过学的流动人口选择其他及无业者的比重最高，为18.7%。这些数据表明受教育程度对就业身份产生了一定影响。

表4－20　我国不同受教育程度流动人口就业身份比较

单位：人，%

受教育程度		就业身份					合计
		雇员	雇主	自营劳动者	家庭帮工	其他及无业者	
未上过学	计数	1334	178	1017	147	614	3290
	比重	40.5	5.4	30.9	4.5	18.7	100.0

续表

受教育程度		就业身份					合计
		雇员	雇主	自营劳动者	家庭帮工	其他及无业者	
小学	计数	11282	1766	8347	887	3934	26216
	比重	43.0	6.7	31.8	3.4	15.0	100.0
初中	计数	50826	8471	32234	2932	13061	107524
	比重	47.3	7.9	30.0	2.7	12.1	100.0
高中	计数	15695	2902	7528	719	3724	30568
	比重	51.3	9.5	24.6	2.4	12.2	100.0
中专	计数	7549	764	1960	239	1356	11868
	比重	63.6	6.4	16.5	2.0	11.4	100.0
大学专科	计数	8641	833	1499	129	1256	12358
	比重	69.9	6.7	12.1	1.0	10.2	100.0
大学本科	计数	4695	327	468	50	567	6107
	比重	76.9	5.4	7.7	0.8	9.3	100.0
研究生	计数	352	18	13	0	42	425
	比重	82.8	4.2	3.1	0.0	9.9	100.0

五　户口性质与就业身份

如表4－21所示，从不同户口性质各个就业身份的人口比重来看，非农业户口流动人口选择雇员的比重最高，为57.7%；而农业户口流动人口选择自营劳动者与家庭帮工的比重均高于非农业户口流动人口。户口性质对就业基本没有影响。

表4－21　我国不同户口性质流动人口就业身份比较

单位：人，%

户口性质		就业身份					合计
		雇员	雇主	自营劳动者	家庭帮工	其他及无业者	
农业	计数	83801	12720	47637	4611	20881	169650
	比重	49.4	7.5	28.1	2.7	12.3	100.0
非农业	计数	16573	2539	5429	492	3673	28706
	比重	57.7	8.8	18.9	1.7	12.8	100.0

六 婚姻状况与就业身份

如表 4 - 22 所示，从不同婚姻状况各个就业身份的人口比重来看，未婚流动人口中雇员的比重最高，为 75.9%，随着婚姻状况的改变，雇主与自营劳动者的比重基本会逐渐提高；离婚人口因为家庭的破裂，从事家庭帮工的比重急剧降低，仅为 0.7%；未婚流动人口与离婚流动人口中其他及无业者的比重相对较低，分别为 9.6% 与 9.1%，说明未组建家庭的人口更倾向于工作。

表 4 - 22 我国各婚姻状况流动人口就业身份比较

单位：人，%

婚姻状况		就业身份					合计
		雇员	雇主	自营劳动者	家庭帮工	其他及无业者	
未婚	计数	32622	1208	4094	927	4103	42954
	比重	75.9	2.8	9.5	2.2	9.6	100.0
初婚	计数	64715	13455	47260	4091	19641	149162
	比重	43.4	9.0	31.7	2.7	13.2	100.0
再婚	计数	977	244	748	56	402	2427
	比重	40.3	10.1	30.8	2.3	16.6	100.0
离婚	计数	1712	292	789	22	283	3098
	比重	55.3	9.4	25.5	0.7	9.1	100.0
丧偶	计数	348	60	175	7	125	715
	比重	48.7	8.4	24.5	1.0	17.5	100.0

七 流动范围与就业身份

如表 4 - 23 所示，从不同流动范围各个就业身份的人口比重来看，跨省流动人口选择其他及无业者的比重较低，为 10.6%，一定程度上反映出流动距离越长的人口对工作的需求越迫切。

表 4－23　我国不同流动范围流动人口就业身份比较

单位：人，%

流动范围		就业身份					合计
		雇员	雇主	自营劳动者	家庭帮工	其他及无业者	
跨省流动	计数	55239	8264	26090	2787	10981	103361
	比重	53.4	8.0	25.2	2.7	10.6	100.0
省内跨市流动	计数	27029	4277	16451	1490	7793	57040
	比重	47.4	7.5	28.8	2.6	13.7	100.0
市内跨县流动	计数	18106	2718	10525	826	5780	37955
	比重	47.7	7.2	27.7	2.2	15.2	100.0

八　流入时间与就业身份

如表 4－24 所示，从不同流动时间各个就业身份的人口比重来看，流入时间越短，选择做雇员的比重越高，其中流入时长 1 年左右选择做雇员的比重最高，为 61.2%；随着流入时间的增加，流动人口选择雇主、自营劳动者与家庭帮工的比重都会提高；而流入时长对就业无显著影响。

表 4－24　我国不同流入时间流动人口就业身份比较

单位：人，%

流入时间		就业身份					合计
		雇员	雇主	自营劳动者	家庭帮工	其他及无业者	
1 年左右	计数	35389	3273	11297	1062	6840	57861
	比重	61.2	5.7	19.5	1.8	11.8	100.0
2～5 年	计数	41201	6272	22205	2091	10534	82303
	比重	50.1	7.6	27.0	2.5	12.8	100.0
6～9 年	计数	13141	2762	9353	934	3720	29910
	比重	43.9	9.2	31.3	3.1	12.4	100.0
10 年及以上	计数	10643	2952	10211	1016	3460	28282
	比重	37.6	10.4	36.1	3.6	12.2	100.0

第五章　影响中国流动人口就业状况的因素分析

第一节　数据处理及分析方法

本书以流动人口就业状态、职业选择及就业身份为因变量，以人口学特征、流动特征和社会特征三个维度中的相关因素为自变量，分别进行多元 Logistic 回归分析，以探讨流动人口就业的影响因素。相关变量定义如表 5－1 所示。

表 5－1　相关特征变量的定义

<table>
<tr><th colspan="3">变量</th><th>定义</th></tr>
<tr><td rowspan="3">因变量</td><td colspan="2">就业状态</td><td>1 = 失业,2 = 就业</td></tr>
<tr><td colspan="2">职业选择</td><td>1 = 管理者及办公室人员,2 = 专业技术人员,3 = 商业服务业人员,4 = 农林牧渔业人员,5 = 生产运输设备操作人员,6 = 无固定职业人员,7 = 失业人员</td></tr>
<tr><td colspan="2">就业身份</td><td>1 = 雇员,2 = 雇主,3 = 自营劳动者,4 = 家庭帮工,5 = 失业者</td></tr>
<tr><td rowspan="5">自变量</td><td rowspan="5">人口学特征</td><td>性别</td><td>1 = 男,2 = 女</td></tr>
<tr><td>年龄</td><td>15 ~ 59 岁</td></tr>
<tr><td>受教育程度</td><td>1 = 未上过学,2 = 小学,3 = 初中,4 = 高中,5 = 中专,6 = 大学专科,7 = 大学本科,8 = 研究生</td></tr>
<tr><td>婚姻状况</td><td>1 = 未婚,2 = 初婚,3 = 再婚,4 = 离婚,5 = 丧偶</td></tr>
<tr><td>户口性质</td><td>1 = 农业,2 = 非农业</td></tr>
</table>

续表

变量			定义
自变量	流动特征	流入区域	1 = 东北,2 = 华北,3 = 华东,4 = 华中,5 = 华南,6 = 西南,7 = 西北
		流动范围	1 = 跨省流动,2 = 省内跨市流动,3 = 市内跨县流动
		流入时长	1 = 1 年及以下,2 = 2 ~ 5 年,3 = 6 ~ 9 年,4 = 10 年及以上
	社会特征	居留身份	1 = 居住证,2 = 暂住证,3 = 都没有
		健康档案	1 = 已建立,2 = 未建立
		代际差异	1 = 50/60 后,2 = 70 后,3 = 80 后,4 = 90 后
		所属行业	1 = 农业,2 = 工业,3 = 建筑业,4 = 服务业,5 = 无业
		单位性质	1 = 机关事业单位,2 = 国有企业单位,3 = 外资企业单位,4 = 民营集体单位,5 = 工商个体单位,6 = 无就业单位

第二节　我国流动人口就业状况影响因素分析

就业状态的影响因素分析中，本书选择流动人口是否就业作为因变量，采用二元 Logistic 模型进行回归分析，选择性别、年龄、受教育程度、婚姻状况、户口性质、流入区域、流动范围、流入时长、居留身份、健康档案和代际差异为自变量。根据变量的分类特征，并避免模型无解的出现，将年龄和受教育程度视为等距有序变量直接纳入模型，其他分类自变量则设置相应的哑变量引入，模型的检验结果见表 5 - 2。

从人口学特征维度的检验结果来看，性别、年龄、受教育程度、婚姻状况和户口性质对流动人口的就业状态均具有显著影响，几乎全部变量均在 1% 的显著性水平上通过了检验。就性别来看，男性流动人口的就业概率高于女性，就业的优势比达到 5.614。年龄变量的显著性水平相对较低，但是在 10% 的水平下依然显著，说明流动人口

表 5-2 流动人口就业状态的二元 Logistic 回归分析结果

变量			B	Sig.	Exp(B)
人口学特征	性别(以女性为参照)	男性	1.725	0.000	5.614
	年龄		0.005	0.076	1.005
	受教育程度		0.147	0.000	1.158
	婚姻状况(以未婚为参照)	初婚	-1.127	0.000	0.324
		再婚	-1.498	0.000	0.223
		离婚	-0.653	0.000	0.520
		丧偶	-1.208	0.000	0.299
	户口性质(以非农业为参照)	农业	0.245	0.000	1.278
流动特征	流入区域(以西北为参照)	东北	0.071	0.029	1.074
		华北	0.122	0.000	1.130
		华东	0.524	0.000	1.690
		华中	0.555	0.000	1.743
		华南	0.290	0.000	1.336
		西南	0.680	0.000	1.975
	流动范围(以市内跨县流动为参照)	跨省流动	0.336	0.000	1.399
		省内跨市流动	0.120	0.000	1.128
	流入时长(以 10 年及以上为参照)	1 年及以下	-0.018	0.479	0.982
		2~5 年	-0.006	0.782	0.994
		6~9 年	0.022	0.416	1.023
社会特征	居留身份(以都没有为参照)	居住证	0.487	0.000	1.628
		暂住证	0.352	0.000	1.423
	健康档案(以未建立为参照)	已建立	-0.140	0.000	0.869
	代际差异(以 90 后为参照)	50/60 后	0.562	0.000	1.753
		70 后	0.929	0.000	2.531
		80 后	0.489	0.000	1.631
截距			-1.049	0.000	0.350

就业概率随着年龄的增长而提高，但是提高的幅度相对较小，仅为 0.5%。受教育程度对流动人口就业状态的影响程度较大，每增加一

个教育等级，就业概率平均提高 15.8%。婚姻状况因素中，未婚者的就业概率显著高于其他婚姻状况的流动人群，而初婚、再婚、离婚和丧偶群体间的就业概率差别不是很大。针对流动人口大多从事劳动强度较大的工作的现状，农业户籍流动人口的就业概率相对较高，这部分人群在综合自身禀赋和外部客观环境的条件下更愿意选择就业，就业概率是非农业户籍人群的 1.278 倍。

从流动特征维度的检验结果来看，流入时长对就业状态的影响不显著，而流入区域和流动范围对流动人口选择就业具有重要影响。流入区域因素的检验结果显著度较高，相对于西北地区，其他地区流动人口的就业概率都有很大幅度的提高，其中西南、华中、华东地区的就业概率提高幅度相对较大，均在 50% 以上，华南和华北地区次之，而东北地区流动人口就业概率的提高幅度相对较小，仅为 7.4%。流动范围对就业选择的影响非常显著，为了降低流动成本，长距离流动人口的目的性通常更强，因此就业概率也随着流动距离的延长而逐渐提高，跨省流动和省内跨市流动人群的就业概率分别高出市内跨县流动人群的就业概率 39.9 个和 12.8 个百分点。

从社会特征维度的检验结果来看，全部变量均通过了显著性检验，表明政府管理水平和代际差异特征对流动人口就业选择的影响。可以看出，居留身份认证制度的实施能够显著提高流动人口对流入地的认同感和融入感，因此拥有居住证和暂住证的流动人口就业概率更高，分别是未认证群体的 1.628 倍和 1.423 倍。流动人口健康档案的建立与管理能提高其就业概率，说明提高政策的覆盖率和增加更多切实的政策内容还需要进一步深化，以进一步提高流动人口在流入地的融入程度，提高其就业的积极性。代际差异特征对流动人口就业选择的影响非常显著，相对于 90 后群体，50/60 后、70 后和 80 后群体的就业概率均具有较大幅度提高，分别提高了 75.3%、153.1% 和 63.1%，其中 70 后选择就业的积极性最高，这可能主要来自流动经验和工作经验的重要影响。

第三节　我国流动人口就业职业影响因素分析

职业选择模型中以主要职业类别为因变量，采用多元 Logistic 模型进行回归分析，考虑到相关变量测度的重复性，依然选择人口学特征、流动特征和社会特征的相关因素作为自变量，故此产生了以“无固定职业人员”为参照的管理者及办公室人员（模型 1）、专业技术人员（模型 2）、商业服务业人员（模型 3）、农林牧渔业人员（模型 4）、生产运输设备操作人员（模型 5）五个模型，各模型的具体参数检验结果见表 5－3。

表 5－3　流动人口职业选择的多元 Logistic 回归分析结果

变量			发生比				
			模型 1	模型 2	模型 3	模型 4	模型 5
截距			0.004***	0.029***	7.419***	2.789**	1.690*
人口学特征	性别(以女性为参照)	男性	0.756***	1.854***	0.799***	0.966	1.608***
	年龄		0.996	0.971***	0.978***	1.000	0.973***
	受教育程度		2.742***	2.116***	1.157***	0.619***	1.008
	婚姻状况(以未婚为参照)	初婚	1.846	1.623	1.233	1.458	1.074
		再婚	1.844	1.558	1.226	1.676*	1.061
		离婚	1.625	1.383	0.986	1.655	0.908
		丧偶	1.272	0.972	1.145	0.982	0.861
	户口性质(以非农业为参照)	农业	0.411***	0.670***	0.940	1.599***	1.148**
流动特征	流入区域(以西北为参照)	东北	1.103	1.627***	1.168***	0.940	1.463***
		华北	2.116***	3.241***	1.911***	0.184***	2.912***
		华东	3.856***	6.776***	2.657***	0.344***	7.544***
		华中	1.881***	3.217***	2.722***	0.134***	2.229***
		华南	1.800***	2.402***	1.317***	0.564***	2.680***
		西南	2.404***	3.358***	2.593***	0.648***	2.123***
	流动范围(以市内跨县流动为参照)	跨省流动	0.667***	1.309***	1.116**	1.824***	1.525***
		省内跨市流动	0.687***	1.048	1.111**	1.791***	0.991

续表

<table>
<tr><th colspan="3" rowspan="2">变量</th><th colspan="5">发生比</th></tr>
<tr><th>模型 1</th><th>模型 2</th><th>模型 3</th><th>模型 4</th><th>模型 5</th></tr>
<tr><td rowspan="3">流动特征</td><td rowspan="3">流入时长(以10年及以上为参照)</td><td>1 年及以下</td><td>0.842*</td><td>0.978</td><td>0.950</td><td>0.391***</td><td>1.496***</td></tr>
<tr><td>2～5 年</td><td>0.979</td><td>0.949</td><td>0.999</td><td>0.413***</td><td>1.214***</td></tr>
<tr><td>6～9 年</td><td>0.999</td><td>1.134*</td><td>1.023</td><td>0.742***</td><td>1.206***</td></tr>
<tr><td rowspan="6">社会特征</td><td rowspan="2">居留身份(以都没有为参照)</td><td>居住证</td><td>1.227***</td><td>1.488***</td><td>1.122***</td><td>0.738***</td><td>1.619***</td></tr>
<tr><td>暂住证</td><td>0.946</td><td>1.136**</td><td>1.466***</td><td>0.806***</td><td>1.200***</td></tr>
<tr><td>健康档案(以未建立为参照)</td><td>已建立</td><td>1.101</td><td>0.930</td><td>0.883***</td><td>1.187***</td><td>0.852***</td></tr>
<tr><td rowspan="3">代际差异(以90后为参照)</td><td>50/60 后</td><td>1.490</td><td>1.125</td><td>1.258</td><td>0.930</td><td>1.183</td></tr>
<tr><td>70 后</td><td>1.171</td><td>1.115</td><td>1.252*</td><td>0.812</td><td>1.152</td></tr>
<tr><td>80 后</td><td>1.339**</td><td>1.164*</td><td>1.151*</td><td>0.756**</td><td>1.038</td></tr>
</table>

注：$*p<0.05$，$**p<0.01$，$***p<0.001$，括号内为自变量参照组。

从人口学特征维度的影响因素来看，婚姻状况对流动人口职业选择的影响不显著，而其他变量在相应显著性水平下大多数均通过了统计检验，说明对流动人口的职业选择具有显著影响。性别因素中，男性选择专业技术人员和生产运输设备操作人员作为职业的概率更高，发生概率分别是女性流动人口的 1.854 倍和 1.608 倍，而女性选择管理者及办公室人员、商业服务业人员和农林牧渔业人员的概率相对较高，这反映了流动人口劳动技能、职业技能在性别方面的差异。年龄对流动人口选择专业技术人员、商业服务业人员和生产运输设备操作人员的职业具有显著影响，相对于无固定职业人员，流动人口每增长一岁，上述职业的发生比分别为 0.971、0.978 和 0.973。可见，年长流动群体选择固定职业的难度相对较大，而在管理者及办公室人员和农林牧渔业人员的职业选择中，二者相对于无固定职业人员无年龄上的选择差异。受教育程度对流动人口选择生产运输设备操作人员的职业没有显著影响；具有越高等级教育程度的流动人群选择管理者及办公室人员、专业技术人员和商业服务业人员为职业的概率更高，分别比无固定职业人员高出 1.742 倍、1.116 倍和 0.157 倍；而具有低教育程度流动人群选择农林牧渔业人员为职业的概率更高。户口性质对商业服务业人员的职业选择无显著影响，农业户籍流动人群选择农林牧渔业人员和生产运输设备操作人员的概率分别高出非农业人群 59.9 个和 14.8 个百分点，但是选择管理者及办公室人员和专业技术人员的概率低于非农业人群 58.9 个和 33.0 个百分点。

从流动特征维度的影响因素来看，流入区域和流动范围对流动人口的职业选择影响显著，而流入时长仅对部分流动人口职业选择的影响显著。流入区域因素中，农林牧渔业人员的选择概率伴随地区经济发展水平的提高而呈现下降态势，经济发展相对落后的西北地区概率最高，东北地区与西北地区几乎无差别；而其他职业的选择概率与区域经济发展水平大体呈正相关关系，西北地区均是各区域中概率最低的，东北地区次之。流动范围因素中，长距离流动群体比短距离流动群体在专业技术人员、商业服务业人员、农林牧渔业人员和生产运输设备操作人员的职业选择中都具有更高的优势比，但是在管理者及办公室人员的职业选择中则以近距离流动群体的优势最为明显。流入时间长短对管理者及办公室人员、专业技术人员和商业服务业人员的职业选择几乎无影响，但是农林牧渔业人员的选择发生比随着流入时长的延长而增加，生产运输设备操作人员的选择发生比则伴随流入时长的延长呈反方向变动。

从社会特征维度的影响因素来看，居留身份对职业选择的影响非常显著，健康档案对职业选择的影响比较显著，代际差异特征的影响程度相对较低。居留身份中拥有居住证和暂住证之间的差异程度较小，但是二者与未认证身份人群在职业选择中存在较大差异。其中，在管理者及办公室人员、专业技术人员、商业服务业人员和生产运输设备操作人员的模型中，两种身份认证人群的选择概率几乎均显著高于未认证身份的流动人群，而在农林牧渔业人员的选择模型中则要低于未认证流动人群。是否建立健康档案在管理者及办公室人员和专业技术人员模型中的影响无显著差别，但是显著提高了农林牧渔业人员的选择概率，降低了商业服务业人员和生产运输设备操作人员的选择概率，造成这一结果的原因可能与居民健康档案制度覆盖率的群体差异存在一定联系。

第四节　我国流动人口就业身份影响因素分析

流动人口就业身份影响因素模型中，选择性别、年龄、受教育程度、婚姻状况、户口性质、流入区域、流动范围、流入时长、所属行业、居留身份、健康档案和代际差异作为自变量，以就业身份作为因变量，由此产生以“家庭帮工”为参照的三个 Logistic 模型，各模型的参数检验结果见表 5 -4。

表 5 -4　流动人口就业身份影响因素的多元 Logistic 回归分析结果

变量			发生比		
			雇员	雇主	自营劳动者
截距			0.919	0.159***	1.065
人口学特征	性别(以女性为参照)	男性	3.592***	5.621***	5.332***
	年龄		1.046***	1.052***	1.049***
	受教育程度		1.447***	1.321***	1.084***
	婚姻状况（以未婚为参照）	初婚	0.704	0.250***	0.324**
		再婚	0.240***	0.372*	0.483
		离婚	0.248***	0.398*	0.458
		丧偶	1.389	1.332	1.423
	户口性质（以非农业为参照）	农业	0.772***	0.812***	1.102
流动特征	流入区域（以西北为参照）	东北	3.485***	2.537***	1.621***
		华北	1.461***	0.771***	0.844**
		华东	1.026	0.698***	0.653***
		华中	0.680***	0.721***	0.706***
		华南	1.270***	1.089	0.792***
		西南	1.234**	1.863***	1.111

续表

变量			发生比		
			雇员	雇主	自营劳动者
流动特征	流动范围(以市内跨县流动为参照)	跨省流动	0.562***	0.804***	0.670***
		省内跨市流动	0.697***	0.786***	0.825***
	流入时长(以10年及以上为参照)	1年及以下	3.234***	1.618***	1.636***
		2~5年	1.892***	1.286***	1.355***
		6~9年	1.311***	1.096	1.115*
社会特征	所属行业(以服务业为参照)	农业	1.078	0.516***	0.776***
		工业	19.463***	1.852***	0.939
		建筑业	5.416***	1.180	1.158
	居留身份(以都没有为参照)	居住证	1.549***	1.380***	1.283***
		暂住证	1.165***	1.253***	1.138***
	健康档案(以未建立为参照)	已建立	1.178***	1.228***	1.179***
	代际差异(以90后为参照)	50/60后	0.745	1.125	1.041
		70后	1.030	1.877***	1.632***
		80后	1.495***	2.389***	2.046***

注：$*p<0.05$，$**p<0.01$，$***p<0.001$，括号内为自变量参照组。

在人口学特征方面，性别、年龄、受教育程度和户口性质对流动人口就业身份的选择具有显著影响，而婚姻状况的影响不太显著。在性别因素中，男性在雇员、雇主和自营劳动者中的选择概率均显著高于女性，发生比分别为3.592、5.621和5.332。年龄因素显著影响了流动人口的就业身份选择，年长群体比年轻群体更愿意脱离家庭帮工而选择雇员、雇主或自营劳动者等职业就业，但是三者的就业身份选择的发生比相差不大。受教育程度等级的增长也显著促使流动人口选择除家庭帮工以外的就业身份，从影响程度大小来看，选择雇员的概率更高，发生比为1.447，选择雇主的概率次之，发生比为1.321，选择自营劳动者的概率相对较低，仅比家庭帮工高出8.4%。婚姻状况对流动人口就业身份选择影响的显著性较低，尽管在个别模型的个别类别中表现显著，但是总体来看未婚群体选择雇员、雇主和自营劳动者的概率均显著高于初婚、再婚、离婚群体。户口性质对选择自营劳动者的影响不显著，说明城乡户籍人口在自营劳动者与家庭帮工之间的选择无显著差别，但是在雇主和雇员模型中的影响非常显著，农业户籍人群的选择概率要低于非农业户籍人群22.8%和18.8%。

在流动特征方面，流入区域、流动范围和流入时长对流动人口就业身份的选择的影响均比较显著。流入区域因素中，选择雇员的概率以东北地区最高，华北地区次之，华南和西南地区略低于华北地区，但是上述地区的选择概率均显著高于西北地区，西北地区与华东地区的选择无显著差异，华中地区低于西北地区32个百分点。在雇主模型中，东北地区和西南地区的选择概率显著高于西北地区，华北、华东和华中地区显著低于西北地区，而华南地区与西北地区无显著差异。在自营劳动者模型中，西南与西北地区无显著差异，东北地区的选择概率最高，而其他地区的选择概率均显著低于西北地区。从模型间系数大小比较来看，东北、华北、华东和华南地区流动人口选择雇员的概率较高，而华中和西南地区选择雇主的概率较高。流动范围因素中，雇员和自营劳动者的选择概率均随着流动距离的延长而增加，但是在雇主模型中恰恰相反，即选择雇主的概率随着流动人口流动距离的延长而降低。在三个就业身份选择模型中，流动人口的选择概率均随着流入时间的延长而降低，但是不同流入时长人群都更倾向于选择雇员身份，自营劳动者次之，而选择雇主的概率相对较低。

从社会特征因素的检验结果来看，所属行业、居留身份、健康档案和代际差异特征对流动人口就业身份选择的影响均比较显著。在所属行业因素中，工业中流动人群选择雇员的概率远高于服务业，建筑业次之，而农业和服务业之间的选择无显著差异；在雇主的选择中，依然是工业的概率最高，建筑业与服务业无显著差异，农业的概率显著低于服务业；自营劳动者模型中，工业、建筑业与服务业的选择无显著差异，三个行业的选择概率均显著高于农业。从居留身份因素来看，拥有居住证和暂住证的流动人群选择雇员、雇主和自营劳动者的概率均显著高于没有认证居留身份的人群，其中有居住证的流动人群选择雇员概率最高，有暂住证的流动人群则选择雇主的概率最高，但是这两类人群选择自营劳动者的概率均仅高于家庭帮工。建立健康档案流动人群选择雇员、雇主和自营劳动者的概率均显著高于家庭帮工，其中选择雇主的概率略高，而雇员和家庭帮工之间只有微小差别。代际差异对就业身份选择的影响比较显著，其中50/60后与90后的就业身份选择无显著差异，但是70后和80后均不愿意选择家庭帮工，其中80后选择雇主的概率最高，选择自营劳动者的概率次之，选择雇员的概率相对较低，但是依然远高于家庭帮工，可见80后流动群体的自主创业和自主劳动的意识更加突出，新老流动人口的差异相对明显。

第六章　中国流动人口收入状况分析

第一节　本地月总收入

如表6－1、图6－1所示，全部样本量中，对本地月总收入进行统计分析，其中有1837个缺失值，3001～6000元收入组比重最高，为48.7%，接近一半；1～3000元收入组比重次之，为29.7%，接近1/3；10001元及以上收入组人数最少，占比为4.4%。

表6－1　本研究流动人口本地月总收入分类标准

单位：人，%

名称	分组	分组编号	人数	占比
本地月总收入	1～3000元	1	58875	29.7
	3001～6000元	2	96568	48.7
	6001～10000元	3	32302	16.3
	10001元及以上	4	8774	4.4
	缺失值	无	1837	0.9

一　人口学特征

（一）性别

如表6－2所示，通过对性别和本地月总收入进行交叉分析，可

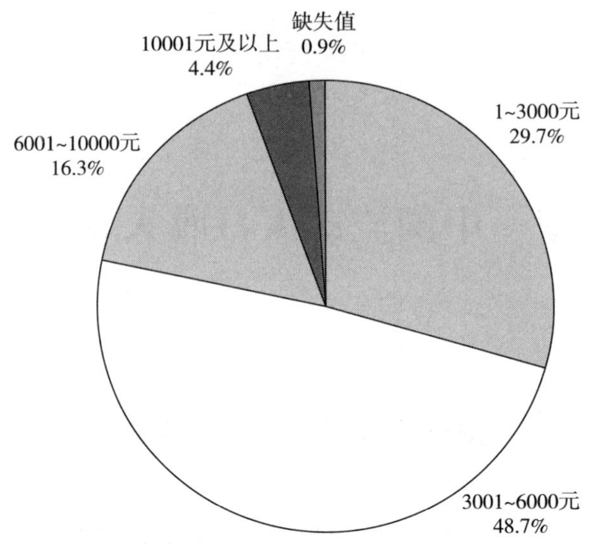

图 6 – 1　我国流动人口本地月总收入分布

以看出，迁入人口的性别因素在本地月总收入上的差异不明显，各收入组中的男女比例很接近。3001 ~ 6000 元收入组的收入比例都是最高的，男性和女性的占比分别为 49.4% 和 48.9%，1 ~ 3000 元收入组的收入比例次之，男女占比分别为 29.9% 和 30.0%。男性和女性流动人口本地月总收入均值也差不多，女性略多于男性，分别为 5152.62 元和 5197.55 元，迁入人口的本地月总收入均值是 5173.43 元。

表 6 – 2　我国不同性别流动人口本地月总收入状况

单位：%，元

性别	本地月总收入分组				收入均值
	1	2	3	4	
男	29.9	49.4	16.3	4.4	5152.62
女	30.0	48.9	16.6	4.6	5197.55
合　计	30.0	49.1	16.4	4.5	5173.43

注：本表数据是将缺失值剔除后重新得出的。

（二）年龄

1. 总体年龄

被调查者年龄范围是15～59岁，以5岁为一组将其分为9组（见表6－3）。总体上看，3001～6000元收入组人口比重最高，为49.1%，1～3000元收入组比重为30.0%（见表6－2）。结合图6－2、表6－3，分年龄段各收入组的分布如下：15～19岁和20～24岁这两个年龄组的情况类似，均是在1～3000元收入组比重最高，分别为59.4%和49.4%，15～19岁年龄组比重相对要高；在3001～6000元收入组，15～19岁和20～24岁这两个年龄组比重分别为30.5%和37.4%，20～24岁年龄组比重相对要高；15～19岁和20～24岁这两个年龄组在另外两个收入组的比重都较低。25～59岁各年龄组在不同收入组上的分布状况类似，比重最高的都在3001～6000元收入组中，1～3000元收入组比重次之。

表6－3　我国各年龄组流动人口本地月总收入状况

单位：%，元

年龄组	本地月总收入分组				收入均值
	1	2	3	4	
15～19岁	59.4	30.5	8.3	1.8	3562.13
20～24岁	49.4	37.4	10.7	2.5	4137.76
25～29岁	27.8	50.0	17.6	4.7	5310.08
30～34岁	21.1	52.7	20.1	6.2	5819.74
35～39岁	21.6	55.1	18.2	5.2	5599.10
40～44岁	23.8	55.2	16.9	4.1	5345.68
45～49岁	26.8	51.2	17.4	4.7	5292.81
50～54岁	31.0	48.7	15.4	4.9	5115.36
55～59岁	38.4	41.5	15.5	4.6	4803.17

如图6－2所示，从变化趋势来看，随年龄增加，1～3000元收入组在各年龄段上的人口比重呈现先降低后增加的趋势，其中15～19岁年龄组比重最高，高达59.4%，20～24岁年龄组排第二

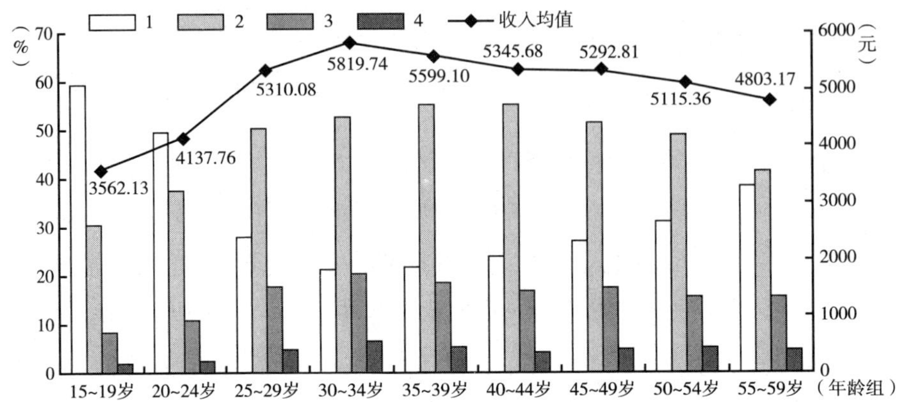

图 6-2 我国各年龄组流动人口本地月总收入差异

位，比重为 49.4%，说明该收入组在这两个年龄组的人口比重在 50% 左右，随着年龄增加，该收入组在 30~34 岁年龄组和 35~39 岁年龄组比重较低，仅为 21.1% 和 21.6%，之后比重开始增加，到 55~59 岁年龄组时比重已经上升到 38.4%。1~3000 元收入组可以看成低收入组，15~24 岁的流动人口刚刚入职或在求职阶段，收入有限，而 50~59 岁的流动人口已进入退休年龄，收入水平也不高。其他三个收入组在各年龄组的人口比重均呈现倒“U”形，3001~6000 元收入组最明显，随年龄增加，在各年龄组的人口比重呈现先增加后减少的趋势，在 35~39 岁和 40~44 岁年龄组人口比重较高，在 15~19 岁和 55~59 岁年龄组比重较低，这说明流动人口在 35~44 岁时容易获得中高收入。另外，本地月总收入的均值随年龄的增长，呈现先上升后降低的趋势，在 30~34 岁年龄组最高，为 5819.74 元，15~19 岁年龄组最低，仅为 3562.13 元。

2. 是否 80 后

如表 6-4 所示，1980 年前后出生的流动人口在本地月总收入不同分组上的差异不明显。1980 年前后出生的流动人口，在 3001~6000 元收入组的比重都是最高，分别为 53.5% 和 45.0%，1~3000 元收入组比重次之，分别为 24.1% 和 35.6%，在 10001 元及以上收入组比重都很低，仅为4.8%和4.1%，可见这些流动人口还是以中低收入者为主。1980年以前出生的流动人口在中高收入组上的比重略高于1980年以后出生的流动人口。

表6-4　我国不同代际流动人口本地月总收入状况

单位：%，元

指标		本地月总收入分组				收入均值
		1	2	3	4	
是否80后	1980年以前出生	24.1	53.5	17.6	4.8	5442.17
	1980年及以后出生	35.6	45.0	15.3	4.1	4916.93
是否90后	1990年以前出生	25.7	51.8	17.6	4.8	5401.07
	1990年及以后出生	56.8	32.2	8.9	2.0	3760.23
合　计		30.0	49.1	16.4	4.5	5173.43

但1990年前后出生的流动人口在本地月总收入不同分组上的差异较明显。1990年以前出生的流动人口在3001～6000元收入组的比重最高，为51.8%，占一半左右，1～3000元收入组比重次之，为25.7%，6001～10000元收入组的比重较高，为17.6%。而1990年及以后出生的流动人口比重最高的是1～3000元收入组，为56.8%，3001～6000元收入组比重次之，为32.2%，在6001～10000元和10001元及以上这两组比重都比1990年以前出生的流动人口要低很多。全部被调查者本地月总收入均值为5173.43元，1990年及以后出生的流动人口本地月总收入均值仅为3760.23元，1980年以前出生的流动人口本地月总收入均值为5442.17元。

从1980年以前出生、1980年及以后出生、1990年以前出生的流动人口在不同收入组上的数量和比例分布可以看出，这三个年龄段在各收入组上的人口比重差别不大，都是3001～6000元收入组的比重最高，1～3000元收入组比重次之，其中，1980年以前出生的流动人口中，3001～6000元收入组的人口比重要高于其他两组，为53.5%，超过一半，1～3000元收入组比重次之，为24.1%，

6001～10000 元收入组比重为 17.6%。

各收入组中三个年龄段的人口占比情况中 6001～10000 元收入组和 10001 元及以上收入组中，1980 年以前出生的流动人口和 1990 年以前出生的流动人口的比重相等，均分别为 17.6% 和 4.8%。1～3000 元收入组中，1980 年以前出生的流动人口和 1990 年以前出生的流动人口的比重接近，分别为 24.1% 和 25.7%，而 1990 年及以后出生的流动人口比重最高，为 56.8%。3001～6000 元收入组中，1980 年以前出生的流动人口和 1990 年以前出生的流动人口的比重接近，分别为 53.5% 和 51.8%。正常情况下 80 后人口参加工作年限较长，工资收入不至于太低，而 90 后人口大多处于受教育阶段，参加工作的人口比重较低，而即便已参加工作，也正处于刚进入职场时期，工资有限，所以在 1～3000 元收入组中 90 后人口的比重是最高的。

（三）受教育程度

总体上流动人口的受教育程度以初中学历为主，比重为 54.2%，高中学历人口比重次之，为 15.4%，第三位的是小学学历人口，比重为 13.2%，大学专科及以上学历人口比重为 9.5%，未上过学的人口比重仅为 1.7%。如表 6－5、图 6－3 所示，不同受教育程度（除大学本科和研究生学历外）中各收入组中的分布情况差异不大：3001～6000 元收入组的比重最高，1～3000 元收入组比重次之，10001 元及以上收入组比重最低。但大学本科和研究生学历流动人口是例外，10001 元及以上收入组人口比重远高于其他学历者，研究生学历者更为明显。大学本科流动人口月总收入分组中，3001～6000 元收入组比重最高，为 37.2%，6001～10000 元收入组比重次之，为 24.9%。而研究生学历的流动人口的情况是：10001 元及以上收入组人口比重最高，为 36.9%，3001～6000 元收入组和 6001～10000 元收入组比重比较接近，分别为 28.0% 和 26.0%，1～3000 元收入组比重最低，仅为 9.2%，不到1/10，相较于其他学历流动人口，1～3000 元人口比重要低很多。

表 6－5　我国不同受教育程度流动人口本地月总收入状况

单位：%，元

受教育程度	本地月总收入分组				收入均值
	1	2	3	4	
未上过学	38.7	45.5	13.3	2.5	4428.02
小学	31.1	51.3	14.6	3.1	4859.63
初中	29.2	51.6	15.7	3.5	5026.46
高中	31.2	46.4	17.5	4.9	5276.31
中专	34.6	44.2	16.7	4.5	5064.81
大学专科	29.1	42.1	20.5	8.3	5918.01
大学本科	21.4	37.2	24.9	16.5	7289.79
研究生	9.2	28.0	26.0	36.9	11057.29
合　计	30.0	49.1	16.4	4.5	5173.43

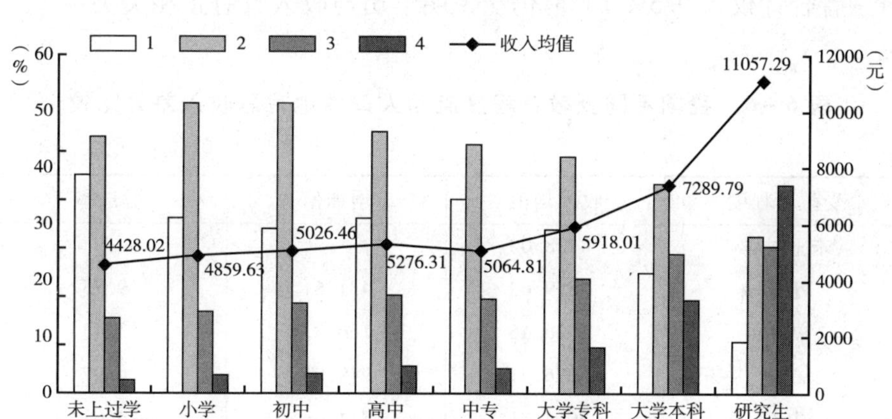

图 6－3　我国不同受教育程度流动人口本地月总收入差异

不同受教育程度流动人口各收入组的变化趋势也不同，1～3000 元收入组随着学历的提高比重相对下降，未上过学的比重最高，为 38.7%，之后降低，在中专学历上略微上浮，为 34.6%，到研究生学历时仅为 9.2%；3001～6000 元收入组随学历的提高比重相对而言呈先上升后下降趋势，小学和初中学历流动人口比重最高，分别为 51.3% 和 51.6%，之后随学历提高比重下降，到研究生学历流动人口时，比重为 28.0%；6001～10000 元收入组和 10001

元及以上收入组随着流动人口学历的提高比重相对升高，在研究生学历达到最高，6001～10000元收入组增长较缓慢，10001元及以上收入组在大学专科以下学历的比重相对均衡，差异不大，从大学专科开始快速升高，到研究生学历时，比重已经高达36.9%。

另外本地月总收入均值随学历的提高而增加，研究生学历流动人口收入均值最高，为11057.29元，大学本科学历流动人口收入均值次之，为7289.79元，由表6－6本地月总收入均值随学历提高的增长率可知，从大学专科开始收入随学历提高快速增加，研究生学历流动人口相对大学本科流动人口收入增幅为51.68%。尽管被调查者中，高学历者占比不高（大学专科、大学本科、研究生学历流动人口三者合计仅占9.5%），但仍能说明学历与收入具有正相关关系。

表6－6　我国不同受教育程度流动人口本地月总收入差异比较

单位：元，%

受教育程度	收入均值	增加值	增长率
未上过学	4428.02	—	—
小学	4859.63	431.61	9.75
初中	5026.46	166.83	3.43
高中	5276.31	249.85	4.97
中专	5064.81	－211.5	－4.01
大学专科	5918.01	853.2	16.85
大学本科	7289.79	1371.78	23.18
研究生	11057.29	3767.5	51.68

（四）户口性质

不同户口性质收入差异如表6－7所示，不论是农业户口还是非农业户口，3001～6000元收入组的人口比重都是最高的，分别为49.9%和44.7%，1～3000元收入组，比重分别为30.6%和26.4%。

农业户口流动人口中中低收入组（1～3000元收入组和3001～6000元收入组）的比重均高于非农业户口流动人口的比重，而6001～10000元收入组和10001元及以上收入组中，非农业户口流动人口的比重高于农业户口流动人口的比重。在6001～10000元收入组，农业和非农业户口流动人口的比重分别为15.9%和19.7%。在10001元及以上收入组中，农业和非农业户口流动人口的比重分别为3.7%和9.2%。

非农业户口流动人口收入均值为6085.01元，农业户口流动人口收入均值为5019.18元，差距为1000多元。

表6－7　我国不同户口性质流动人口本地月总收入差异

单位：%，元

户口性质	本地月总收入分组				收入均值
	1	2	3	4	
农业	30.6	49.9	15.9	3.7	5019.18
非农业	26.4	44.7	19.7	9.2	6085.01
合　计	30.0	49.1	16.4	4.5	5173.43

（五）婚姻状况

如图6－4、表6－8所示，婚姻状况为未婚、离婚、丧偶的情况相似，都是1～3000元收入组人口比重最高，分别为60.7%、55.7%、54.6%，3001～6000元收入组比重次之，其余两组比重都很低。初婚和再婚流动人口中，比重最高的收入组是3001～6000元收入组，分别为54.7%和53.2%，1～3000元收入组的人口比重与其他三种婚姻状况相比要低得多，分别为20.6%和27.0%，初婚流动人口中1～3000元收入组和6001～10000元收入组的比重接近，再婚流动人口中，1～3000元收入组比6001～10000元收入组比重高些，分别是27.0%和15.2%。

变化趋势是3001元及以上各收入组中，人口比重的峰值位于初婚处，1～3000元收入组则情况相反，初婚和再婚流动人口的比重较低。同时，本地月总收入均值的峰值也在初婚处，为5673.43元。

表6－8　我国不同婚姻状况流动人口本地月总收入差异

单位：%，元

婚姻状况	本地月总收入分组				收入均值
	1	2	3	4	
未婚	60.7	30.8	6.9	1.7	3554.65
初婚	20.6	54.7	19.4	5.3	5673.43
再婚	27.0	53.2	15.2	4.6	5276.25
离婚	55.7	34.9	7.4	2.0	3768.88
丧偶	54.6	33.3	9.2	2.9	3849.74
合　计	30.0	49.1	16.4	4.5	5173.43

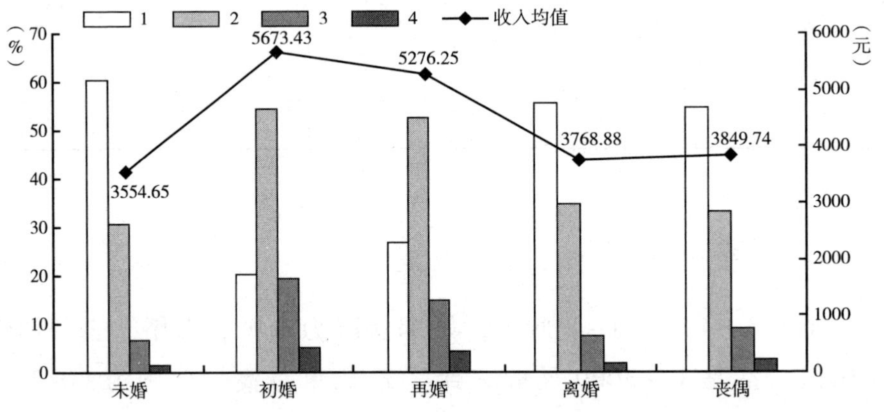

图6－4　我国不同婚姻状况流动人口本地月总收入状况比较

二　社会经济特征

（一）主要职业

如表6－9所示，总体而言，被调查者中，服务行业人员比重最高，为52.4%，普通工人及杂工的比重次之，为23.0%。

表 6－9　我国流动人口就业职业分布

单位：人，%

就业职业	人数	百分比	有效百分比	累积百分比
农林牧渔业人员	4482	2.3	2.3	2.3
普通工人及杂工	45557	23.0	23.0	25.3
专业技术人员	10194	5.1	5.1	30.4
办公室工作人员	2809	1.4	1.4	31.8
服务行业人员	103931	52.4	52.4	84.2
其他及无业者	31383	15.8	15.8	100.0
合　计	198356	100.0	100.0	—

图 6－5　我国流动人口就业职业分布

如表 6－10、图 6－6 所示，同一职业中不同收入组的差异为：3001～6000 元收入组的比重都是最高的。农林牧渔业人员中，收入状况以中低收入为主，其中，1～3000 元收入组的比重为 44.1%，远远高于同收入组中其他职业的流动人口的比重，3001～6000 元收入组的比重为 44.8%，两者比重接近，高收入组比重显然很小；普通工人及杂工中，3001～6000 元收入组的比重为 52.7%，高于平均水平（49.1%）；专业技术人员中，6001～10000 元收入组和 10001 元及以上收入组的比重较农林牧渔业人员、普通工人及杂工的要高，比重分别为 22.4% 和 7.8%；办公室工作人员中，排第二位的是 6001～10000 元收入组，比重为 23.7%，10001 元及以上收入组的比重为 9.8%，相较于同收入组下其他职业类型的流动人口的比重是最高的，约是平均水平（4.5%）的 2 倍；服务行业人员中，1～3000 元收入组的比重排第二，为 29.2%，排第三的是 6001～10000 元收入组，比重为 17.3%。

总体来看，从事农业和工业的流动人口的工资收入以中低收入为主（1～3000 元和 3001～6000 元），而随着职业技术性的增强和对受教育程度要求的提高，如专业技术人员、办公室工作人员，在 6001 元及以上收入组中的比重较其他职业有所提高，其中，10001 元及以上收入组的对比更明显。服务行业人员与普通工人及杂工的状况类似。本地月总收入均值中办公室工作人员最高，为 6428.59 元。

表 6－10　我国不同职业流动人口本地月总收入差异

单位：%，元

主要职业	本地月总收入分组				收入均值
	1	2	3	4	
农林牧渔业人员	44.1	44.8	8.8	2.4	4217.67
普通工人及杂工	27.6	52.7	17.4	2.3	4919.28
专业技术人员	24.2	45.7	22.4	7.8	5884.67
办公室工作人员	22.7	43.8	23.7	9.8	6428.59
服务行业人员	29.2	48.1	17.3	5.4	5414.41
其他及无业者	36.8	49.5	10.5	3.2	4537.46
合　计	30.0	49.1	16.4	4.5	5173.43

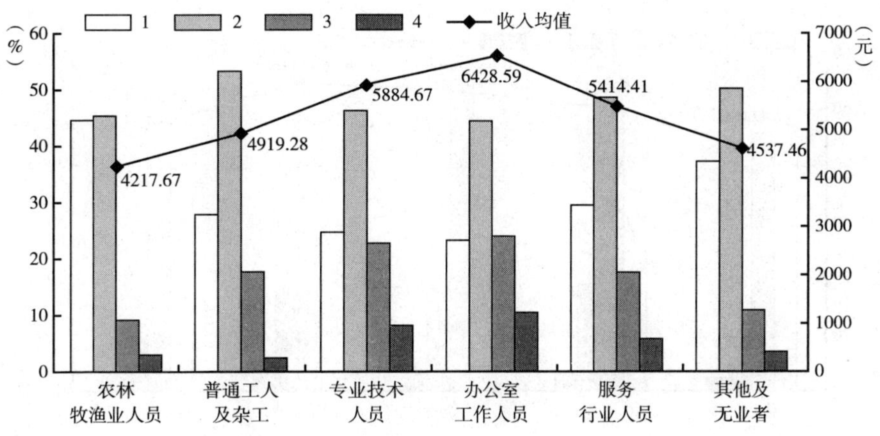

图 6－6　我国不同职业流动人口本地月总收入状况比较

（二）所属行业

如表 6－11、图 6－7 所示，相同行业中不同收入组的比重差异为：3001～6000 元收入组的比重都是最高的，1～3000 元收入组的比重次之。其中农林牧渔业中，比重较高的是 1～3000 元收入组和 3001～6000 元收入组，分别为 43.0% 和 45.4%，较为接近，而且1～3000 元的收入组比重远高于相同收入状况下其他行业的流动人口的比重。其他四个行业分组在不同收入状况下的流动人口的比重情况类似。

表 6－11　我国不同行业流动人口本地月总收入差异

单位：%，元

所属行业	本地月总收入分组				收入均值
	1	2	3	4	
农林牧渔业	43.0	45.4	9.4	2.2	4246.01
工业	28.2	50.1	18.9	2.9	5048.03
建筑业	23.3	54.9	17.9	3.8	5290.89
服务业	29.2	47.8	17.4	5.6	5434.09
其他及无业	34.8	49.8	11.9	3.5	4698.96
合　计	30.0	49.1	16.4	4.5	5173.43

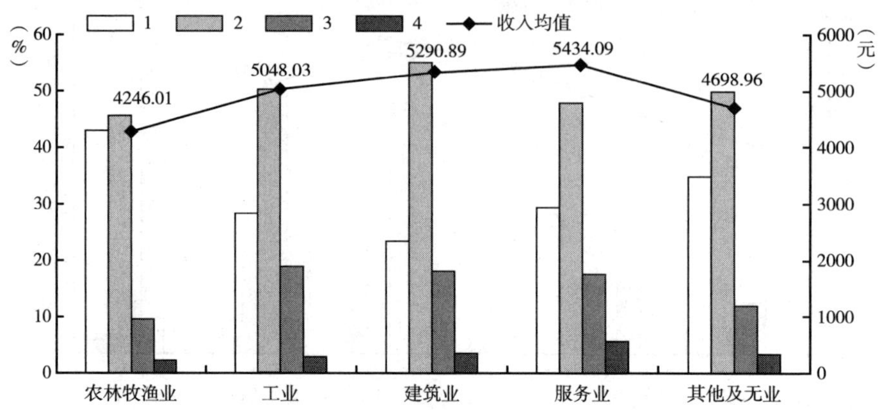

图 6-7 我国不同行业流动人口本地月总收入状况比较

（三）单位性质

如表 6-12 所示，单位性质在不同工资收入中的差异表示为：各单位性质在 3001～6000 元的收入组的比重都是最高的，1～3000 元收入组的比重次之，10001 元及以上收入组的比重最低。

表 6-12 我国不同单位性质流动人口本地月总收入差异

单位：%，元

单位性质	本地月总收入分组				收入均值
	1	2	3	4	
机关事业单位	31.5	48.2	16.0	4.3	5006.88
国有企业单位	27.9	51.7	16.3	4.0	5074.02
外资企业单位	32.4	41.8	20.3	5.6	5321.63
民营集体单位	32.3	48.2	16.1	3.4	4927.28
工商个体单位	26.2	49.1	18.7	6.0	5657.15
其他及无单位	33.5	51.5	12.1	2.9	4643.80
合　计	30.0	49.1	16.4	4.5	5173.43

（四）就业身份

如表6－13、图6－8所示，不同就业身份在本地月总收入上的差异为：雇员在3001～6000元的收入组的比重是最高的，为47.0%，1～3000元收入组次之，比重为36.0%，10001元及以上收入组的比重很低，仅为2.5%；雇主中，3001～6000元的收入组的比重最高，为45.6%，6001～10000元的收入组的比重次之，为27.0%，突出的特征是10001元及以上的收入组的比重远高于其他类型就业身份的比重，高达14.1%，比重最低的是1～3000元收入

表6－13　我国不同就业身份流动人口本地月总收入差异

单位：%，元

就业身份	本地月总收入分组				收入均值
	1	2	3	4	
雇员	36.0	47.0	14.4	2.5	4588.85
雇主	13.3	45.6	27.0	14.1	7687.64
自营劳动者	22.5	53.3	18.8	5.4	5675.22
家庭帮工	18.3	50.3	23.2	8.2	6338.46
其他及无业者	34.4	50.8	11.3	3.5	4674.10
合　计	30.0	49.1	16.4	4.5	5173.43

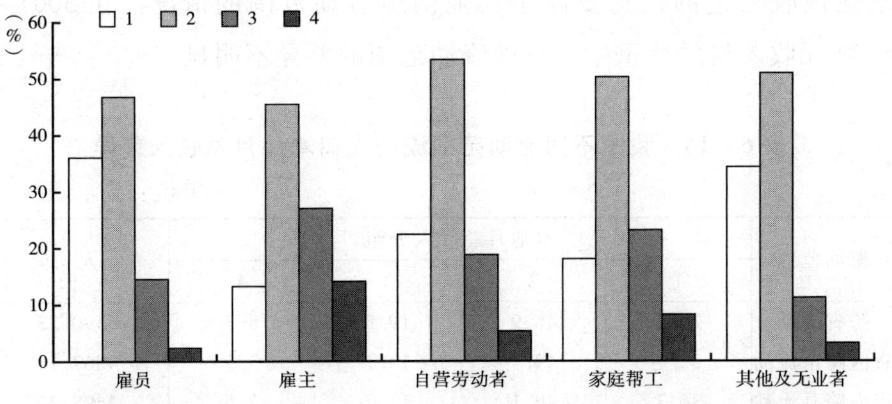

图6－8　我国不同就业身份流动人口本地月总收入状况比较

组；自营劳动者情况与雇员类似，比重最高的也是3001～6000元收入组，为53.3%，1～3000元收入组比重次之，为22.5%；家庭帮工中比重排第二的是6001～10000元收入组，为23.2%，10001元及以上收入组的比重相对于其他就业身份（除雇主外）要高，为8.2%；其他及无业者的收入显然集中在6000元及以下。

三　流动特征

（一）流动范围

如表6-14所示，不同流动范围在本地月总收入上的差异为：不论跨省流动、省内跨市流动还是市内跨县流动，3001～6000元收入组的比重都是最高的，分别为48.9%、49.7%、49.1%。第二位的是1～3000元收入组，比重分别为26.0%、32.7%、36.7%。可以看出，随着流动范围的扩大（市内跨县流动范围小于省内跨市流动范围，省内跨市流动范围小于跨省流动范围），高收入组的比重相对增加，说明流动人口选择迁往远方受收入状况和就业机会影响较大，越高的收入越能吸引流动人口往远处流动。1～3000元收入组的比重则降低，说明在低收入情况下，流动人口不会选择远距离迁移，而是选择就近流动，所以市内跨县流动在该收入组的比重要高于其他两组流动范围的情况。在3001～6000元收入组的比重中，三种流动范围的差异不明显。

表6-14　我国不同流动范围流动人口本地月总收入差异

单位：%，元

流动范围	本地月总收入分组				收入均值
	1	2	3	4	
跨省流动	26.0	48.9	19.5	5.7	5590.23
省内跨市流动	32.7	49.7	14.1	3.5	4867.12
市内跨县流动	36.7	49.1	11.7	2.5	4498.71
合　计	30.0	49.1	16.4	4.5	5173.43

（二）流入时间

如表 6－15 所示，本地月总收入在不同流入时长上的差异不明显，比重最高的都是 3001～6000 元收入组，1～3000 元收入组次之。10001 元及以上收入组的比重都是最低的。1～3000 元收入组中，流入时间越长该收入组人口所占比重相对越低，流入 1 年左右的人口比重最高，为 39.9%；6001～10000 元收入组和 10001 元及以上收入组与前者相反，流入时间越长，人口比重相对越高；10001 元及以上收入组流入时间为 10 年及以上的流动人口所占比重约是流入时间为 1 年左右的流动人口所占比重的 2 倍。而 3001～6000 元收入组在不同流入时间上的差异不明显。说明，在低收入（1～3000 元）情况下，流动人口流入时间较短，而在高收入（6001 元及以上）情况下流动人口流入时间更长。

表 6－15　我国不同流入时间流动人口本地月总收入差异

单位：%，元

流入时间	本地月总收入分组				收入均值
	1	2	3	4	
1 年左右	39.9	44.3	12.8	3.0	4559.35
2～5 年	28.5	50.6	16.7	4.2	5168.59
6～9 年	21.5	52.4	20.0	6.1	5777.53
10 年及以上	22.8	51.4	19.4	6.4	5804.98
合　计	30.0	49.1	16.4	4.5	5173.43

第二节　个人月收入

如表 6－16 所示，从样本总体来看，流动人口中收入处在较低水平的组 1 和组 2 的比重最高，分别为 41.1% 与 43.3%，二者之和高达84.4%，远远高于处在中高收入水平的组3和组4的比重之和（15.5%）。这足以说明大部分流动人口的收入尚处在较低水平。

表6-16 本研究流动人口个人月收入分类标准

单位：人，%

名称	分组	分组编号	人数	占比
个人月收入分组	0～2000元	1	81577	41.1
	2001～4000元	2	85957	43.3
	4001～6000元	3	21804	11.0
	6001元及以上	4	9018	4.5

一 人口学特征

（一）性别

如表6-17所示，从男性中不同月收入分组的比重来看，收入处在组2的比重最高，达到了51.2%；从女性中不同月收入分组的比重来看，收入处在组1的比重最高，甚至达到了57.5%。此外，在中高收入组组3与组4中，男性比重均大于女性。

表6-17 我国不同性别流动人口个人月收入状况

单位：元，%

性别		个人月收入分组				合计
		1	2	3	4	
男	计数	28730	54545	16555	6649	106479
	比重	27.0	51.2	15.5	6.2	100.0
女	计数	52847	31412	5249	2369	91877
	比重	57.5	34.2	5.7	2.6	100.0
合计	计数	81577	85957	21804	9018	198356
	比重	41.1	43.3	11.0	4.5	100.0

（二）年龄

1. 总体年龄

如表6－18 所示，在15～19 岁与55～59 岁年龄组中，个人月收入处在组 1 的比重均为各收入组中最高的，分别为 62.3% 与 53.3%，说明大部分年龄很小或很大的流动人口处于较低的月收入水平。在个人月收入处于组3 时，25～29 岁、30～34 岁、35～39 岁及40～44 岁四组的比重较大，均超过了 10%，其他几组的比重则相对较低。尤其是在个人月收入组 4 中，15～19 岁与55～59 岁的比重仅为0.4%与3.7%。这说明在中高收入阶段的流动人口中壮年与中年占较大比重，青年与老年则相对收入较少。

表6－18　我国不同年龄组流动人口个人月收入状况

单位：元，%

年龄组		个人月收入分组				合计
		1	2	3	4	
15～19 岁	计数	6717	3802	226	45	10790
	比重	62.3	35.2	2.1	0.4	100.0
20～24 岁	计数	12457	13535	1823	568	28383
	比重	43.9	47.7	6.4	2.0	100.0
25～29 岁	计数	14163	17593	4644	1722	38122
	比重	37.2	46.1	12.2	4.5	100.0
30～34 岁	计数	13035	14850	4729	2211	34825
	比重	37.4	42.6	13.6	6.3	100.0
35～39 岁	计数	12128	13299	4101	1856	31384
	比重	38.6	42.4	13.1	5.9	100.0
40～44 岁	计数	12032	12566	3529	1495	29622
	比重	40.6	42.4	11.9	5.0	100.0
45～49 岁	计数	6968	7026	1933	774	16701
	比重	41.7	42.1	11.6	4.6	100.0

续表

年龄组		个人月收入分组				合计
		1	2	3	4	
50~54 岁	计数	2548	2273	598	242	5661
	比重	45.0	40.2	10.6	4.3	100.0
55~59 岁	计数	1529	1013	221	105	2868
	比重	53.3	35.3	7.7	3.7	100.0

2. 是否 80 后

如表 6－19 所示，1980 年以前出生的流动人口月收入处在组 2 的比重最高，为 41.9%，月收入处在组 1 的比重为 40.5%，次之，月收入处在组 3 的比重为 12.2%，月收入处在组 4 的比重仅为 5.3%；1980 年及以后出生的流动人口中同样月收入处在组 2 的比重最高，达到了 44.7%，月收入处在组 1 的比重次之，为 41.7%，月收入处在组 3 的比重为 9.8%，月收入处在组 4 的比重最低，为 3.8%。

表 6－19　我国不同年龄段流动人口个人月收入状况 1

单位：元，%

指标		个人月收入分组				合计
		1	2	3	4	
1980 年以前出生	计数	39253	40599	11853	5163	96868
	比重	40.5	41.9	12.2	5.3	100.0
1980 年及以后出生	计数	42324	45358	9951	3855	101488
	比重	41.7	44.7	9.8	3.8	100.0

3. 是否 90 后

如表 6－20 所示，在 1990 年以前出生的流动人口中，月收入处在组 2 的比重最高，为 43.5%，在 1990 年及以后出生的流动人口中，月收入处在组 1 的比重最高，为 52.7%，说明更年青的一代仍然处于较低收入水平。

表 6－20　我国不同年龄段流动人口个人月收入状况 2

单位：元，%

指标		个人月收入分组				合计
		1	2	3	4	
1990 年以前出生	计数	67074	74287	20755	8721	170837
	比重	39.3	43.5	12.1	5.1	100.0
1990 年及以后出生	计数	14503	11670	1049	297	27519
	比重	52.7	42.4	3.8	1.1	100.0

（三）婚姻状况

如表 6－21 所示，丧偶人口中月收入处在组 1 的比重最高，为 53.3%；未婚与离婚人口中月收入处在组 2 的比重相对较高，分别为 48.6% 与 46.4%；初婚与再婚人口中月收入处在组 3 与组 4 的比重均高于其他婚姻状况组；而未婚人口中月收入处在组 4 的比重仅为 1.8%。

表 6－21　我国不同婚姻状况流动人口个人月收入状况

单位：元，%

婚姻状况		个人月收入分组				合计
		1	2	3	4	
未婚	计数	18606	20857	2708	783	42954
	比重	43.3	48.6	6.3	1.8	100.0
初婚	计数	60317	62540	18381	7924	149162
	比重	40.4	41.9	12.3	5.3	100.0
再婚	计数	1116	875	302	134	2427
	比重	46.0	36.1	12.4	5.5	100.0
离婚	计数	1157	1436	358	147	3098
	比重	37.3	46.4	11.6	4.7	100.0
丧偶	计数	381	249	55	30	715
	比重	53.3	34.8	7.7	4.2	100.0

（四）受教育程度

如表6－22所示，受教育程度在小学及以下的流动人口中，月收入处在组1的比重均最高，接近甚至超过了50%；受教育程度为初中、高中、中专、大学专科、大学本科的流动人口中，月收入处在组2的比重最高且互相之间差异不大，均为45%左右；而受教育程度为研究生的人口中，则是月收入处在组4的比重最高，为30.6%；此外，我们可以看到，随着受教育程度的提高，月收入水平的比重差异会逐渐缩小。

表6－22　我国不同受教育程度流动人口个人月收入状况

单位：元，%

受教育程度		个人月收入分组				合计
		1	2	3	4	
未上过学	计数	1930	1076	203	81	3290
	比重	58.7	32.7	6.2	2.5	100.0
小学	计数	12967	10267	2212	770	26216
	比重	49.5	39.2	8.4	2.9	100.0
初中	计数	45031	46877	11407	4209	107524
	比重	41.9	43.6	10.6	3.9	100.0
高中	计数	11880	13516	3616	1556	30568
	比重	38.9	44.2	11.8	5.1	100.0
中专	计数	4613	5532	1248	475	11868
	比重	38.9	46.6	10.5	4.0	100.0
大学专科	计数	3740	5918	1796	904	12358
	比重	30.3	47.9	14.5	7.3	100.0
大学本科	计数	1351	2648	1215	893	6107
	比重	22.1	43.4	19.9	14.6	100.0
研究生	计数	65	123	107	130	425
	比重	15.3	28.9	25.2	30.6	100.0

（五）户口性质

如表6－23所示，在月收入最低的组1与月收入最高的组4中，户口性质产生的影响比较明显：农业户口中月收入处在组1的比重（42.3%）高于非农业户口中月收入处在组1的比重（34.4%），而农业户口中月收入处在组4的比重（3.9%）却不到非农业户口中月收入处在组4的比重（8.4%）的一半；此外，户口性质对月收入组2和组3的影响则较小。

表6－23　我国不同户口性质流动人口个人月收入状况

单位：元，%

户口性质		个人月收入分组				合计
		1	2	3	4	
农业	计数	71704	73671	17667	6608	169650
	比重	42.3	43.4	10.4	3.9	100.0
非农业	计数	9873	12286	4137	2410	28706
	比重	34.4	42.8	14.4	8.4	100.0

二　社会经济特征

（一）主要职业

如表6－24所示，选择其他及无业者的流动人口的月收入处于组1的比重最高，达80.9%；选择农林牧渔业人员的流动人口的月收入处于组1的比重相对较高，为57.4%，远高于其他职业；普通工人及杂工、专业技术人员和办公室工作人员的月收入比重则以组2居多，均超过了50%。此外，在专业技术人员与办公室工作人员中，月收入处于组4的比重高于其他职业。

表 6-24 我国不同职业流动人口个人月收入状况

单位：元，%

主要职业		个人月收入分组				合计
		1	2	3	4	
农林牧渔业人员	计数	2571	1588	228	95	4482
	比重	57.4	35.4	5.1	2.1	100.0
普通工人及杂工	计数	9593	29109	5568	1287	45557
	比重	21.1	63.9	12.2	2.8	100.0
专业技术人员	计数	1734	5456	2092	912	10194
	比重	17.0	53.5	20.5	8.9	100.0
办公室工作人员	计数	624	1536	441	208	2809
	比重	22.2	54.7	15.7	7.4	100.0
服务行业人员	计数	41681	43356	12666	6228	103931
	比重	40.1	41.7	12.2	6.0	100.0
其他及无业者	计数	25374	4912	809	288	31383
	比重	80.9	15.7	2.6	0.9	100.0

（二）所属行业

如表 6-25 所示，从不同行业流动人口不同月收入分组的比重来看，从事农林牧渔业的流动人口、其他及无业的流动人口的月收入处在组 1 的比重最高，分别为 55.7% 与 71.6%；从事工业及建筑业的流动人口的月收入处在组 2 的比重较高，分别为 64.8% 与 54.6%。此外，从事服务业及建筑业的流动人口的月收入处在组 4 的比重也均高于其他行业；从事服务业的流动人口的月收入则集中在组 1 与组 2，且二者的比重基本一样。

表 6-25 我国不同行业流动人口个人月收入状况

单位：元，%

所属行业		个人月收入分组				合计
		1	2	3	4	
农林牧渔业	计数	2823	1836	293	114	5066
	比重	55.7	36.2	5.8	2.3	100.0
工业	计数	8381	24647	3949	1068	38045
	比重	22.0	64.8	10.4	2.8	100.0
建筑业	计数	2735	8462	3345	944	15486
	比重	17.7	54.6	21.6	6.1	100.0
服务业	计数	39608	42537	12315	6150	100610
	比重	39.4	42.3	12.2	6.1	100.0
其他及无业	计数	28030	8475	1902	742	39149
	比重	71.6	21.6	4.9	1.9	100.0

（三）单位性质

如表 6-26 所示，从不同单位性质流动人口不同月收入分组的比重来看，就职于机关事业单位及工商个体单位的流动人口的月收入多集中于组 1 与组 2，且两组之间差异不大；就职于外资企业单位及民营集体单位的流动人口处在月收入组 2 的比重则远远高于其他月收入组；其他及无单位的流动人口处在月收入组 1 的比重最高，为 68.1%；此外，就职于工商个体单位的流动人口的月收入处在组 4 的比重要高于就职于其他单位。

表 6-26 我国不同单位性质流动人口个人月收入状况

单位：元，%

单位性质		个人月收入分组				合计
		1	2	3	4	
机关事业单位	计数	1324	1412	294	82	3112
	比重	42.5	45.4	9.4	2.6	100.0

续表

单位性质		个人月收入分组				合计
		1	2	3	4	
国有企业单位	计数	1972	3932	1141	384	7429
	比重	26.5	52.9	15.4	5.2	100.0
外资企业单位	计数	1553	5305	822	413	8093
	比重	19.2	65.6	10.2	5.1	100.0
民营集体单位	计数	16861	32979	6268	1976	58084
	比重	29.0	56.8	10.8	3.4	100.0
工商个体单位	计数	29972	31715	10641	5412	77740
	比重	38.6	40.8	13.7	7.0	100.0
其他及无单位	计数	29895	10614	2638	751	43898
	比重	68.1	24.2	6.0	1.7	100.0

（四）就业身份

如表 6－27 所示，家庭帮工的月收入处在组 1 的比重是 100.0%；其他及无业者的月收入处在组 1 的比重较高，为 88.3%；雇员的月收入多集中在组 2，比重为 54.7%；就业身份为雇主的流动人口中，中、高收入者所占比重较大，月收入处在组 3 与组 4 的比重之和为 39.6%；此外，自营劳动者的月收入也相对较少，有接近 80% 的自营劳动者的月收入处于组 1 及组 2。

表 6－27　我国不同就业身份流动人口个人月收入状况

单位：元，%

就业身份		个人月收入分组				合计
		1	2	3	4	
雇员	计数	33277	54939	9665	2493	100374
	比重	33.2	54.7	9.6	2.5	100.0
雇主	计数	3355	5868	3428	2608	15259
	比重	22.0	38.5	22.5	17.1	100.0

续表

就业身份		个人月收入分组				合计
		1	2	3	4	
自营劳动者	计数	18168	22891	8263	3744	53066
	比重	34.2	43.1	15.6	7.1	100.0
家庭帮工	计数	5103	0	0	0	5103
	比重	100.0	0.0	0.0	0.0	100.0
其他及无业者	计数	21674	2259	448	173	24554
	比重	88.3	9.2	1.8	0.7	100.0

（五）周工作天数

如表 6－28 所示，周工作天数为 0 天的流动人口中月收入处在组 1 的比重高达 88.3%；周工作天数在 5 天及 6 天的流动人口中的月收入处在组 2 的比重约为 50%；周工作天数为 5 天及 7 天的流动人口中，高收入者的比重较高，处在组 3 的比重分别为 12.9% 与 14.1%，处在组 4 的比重分别为 6.7% 与 6.1%，均高于其他各组流动人口月收入处在组 3 与组 4 的比重。

表 6－28　我国不同工作时间流动人口个人月收入状况

单位：元，%

周工作天数		个人月收入分组				合计
		1	2	3	4	
0 天	计数	21674	2259	448	173	24554
	比重	88.3	9.2	1.8	0.7	100.0
1 天	计数	69	31	5	5	110
	比重	62.7	28.2	4.5	4.5	100.0
2 天	计数	204	78	18	8	308
	比重	66.2	25.3	5.8	2.6	100.0

续表

周工作天数		个人月收入分组				合计
		1	2	3	4	
3 天	计数	563	289	77	40	969
	比重	58.1	29.8	7.9	4.1	100.0
4 天	计数	961	932	184	61	2138
	比重	44.9	43.6	8.6	2.9	100.0
5 天	计数	7962	12959	3373	1758	26052
	比重	30.6	49.7	12.9	6.7	100.0
6 天	计数	17706	29315	4865	1435	53321
	比重	33.2	55.0	9.1	2.7	100.0
7 天	计数	32438	40094	12834	5538	90904
	比重	35.7	44.1	14.1	6.1	100.0

三　流动特征

（一）流动范围

如表 6－29 所示，跨省流动人口的月收入多处于组 2，比重为 47.2%，此外，跨省流动人口中的中、高收入者的比重高于其他两组；省内跨市流动人口的月收入水平则普遍偏低，基本集中在组 1 与组 2，比重之和高达 86.5%；而市内跨县流动人口的月收入则有超过半数处在组 1。

表 6－29　我国不同流动范围流动人口个人月收入状况

单位：元，%

流动范围		个人月收入分组				合计
		1	2	3	4	
跨省流动	计数	35844	48797	12990	5730	103361
	比重	34.7	47.2	12.6	5.5	100.0

续表

流动范围		个人月收入分组				合计
		1	2	3	4	
省内跨市流动	计数	26415	22916	5571	2138	57040
	比重	46.3	40.2	9.8	3.7	100.0
市内跨县流动	计数	19318	14244	3243	1150	37955
	比重	50.9	37.5	8.5	3.0	100.0

（二）流入时间

如表6－30所示，随着流入时间的增加，流动人口中处在月收入组1与组2的比重并未产生显著差异，例如，流入时间1年左右的流动人口的月收入处在组1与组2的比重分别为40.6%与46.3%，流入时间10年及以上的流动人口的月收入处在组1与组2的比重分别为44.0%与37.9%；而流入时间10年及以上的流动人口的月收入处在组3与组4的比重分别为12.1%与6.0%，均高于流入时间1年左右的流动人口的月收入处在组3与组4的比重。

表6－30　我国不同流入时间流动人口个人月收入状况

单位：元，%

流入时间		个人月收入分组				合计
		1	2	3	4	
1年左右	计数	23501	26767	5589	2004	57861
	比重	40.6	46.3	9.7	3.5	100.0
2～5年	计数	33273	36219	9207	3604	82303
	比重	40.4	44.0	11.2	4.4	100.0
6～9年	计数	12366	12242	3582	1720	29910
	比重	41.3	40.9	12.0	5.8	100.0
10年及以上	计数	12437	10729	3426	1690	28282
	比重	44.0	37.9	12.1	6.0	100.0

（三）流动原因

如表6－31所示，从不同流动原因流动人口不同月收入分组的比重来看，务工经商流动人口的月收入比重以组2最大，达到了47.0%，此外，务工经商流动人口中的中、高收入者的比重也均高于由于其他原因流动人口的比重；而由于其他原因流动的人口的月收入处于组1的比重最高，尤其是随迁流动人口与出生流动人口，比重分别达到了85.9%与83.0%。

表6－31　我国不同流动原因流动人口个人月收入状况

单位：元，%

流动原因		个人月收入分组				合计
		1	2	3	4	
务工经商	计数	63305	82539	21116	8690	175650
	比重	36.0	47.0	12.0	4.9	100.0
随迁	计数	13049	1693	319	130	15191
	比重	85.9	11.1	2.1	0.9	100.0
婚嫁	计数	798	225	34	17	1074
	比重	74.3	20.9	3.2	1.6	100.0
拆迁	计数	134	64	12	8	218
	比重	61.5	29.4	5.5	3.7	100.0
投亲	计数	1410	351	48	37	1846
	比重	76.4	19.0	2.6	2.0	100.0
学习	计数	886	208	63	61	1218
	比重	72.7	17.1	5.2	5.0	100.0
出生	计数	142	24	5	0	171
	比重	83.0	14.0	2.9	0.0	100.0
其他	计数	1853	853	207	75	2988
	比重	62.0	28.5	6.9	2.5	100.0

第三节　影响个人收入的因素分析

一　研究设计

（一）数据来源

本书采用的数据是2013年国家卫生和计划生育委员会的流动人口动态监测数据，剔除缺失信息数据和无业人员的信息，最终获得173802个有效样本。本书将以有效样本数据为依据，分别对影响我国流动人口的收入水平的各个因素进行深入分析。

（二）变量定义

在我国流动人口月收入的影响因素分析中，本书选择流动人口个人的收入作为因变量，采用多元Logistic模型进行回归分析。由于本书之前把流动人口的月收入划分为4个等级，即0～2000元为低收入水平，2001～4000元为中低收入水平，4001～6000元为中高收入水平，6001元及以上为高收入水平，而且这4个收入等级之间为有序、递进关系，因此选择有序分类的多元回归模型。本书以流动人口收入水平为因变量，以年龄和受教育程度的有序变量为协变量，以人口学特征、流动特征和社会特征三个维度中的相关因素为因子变量，分别进行多元Logistic回归分析，以探讨流动人口收入水平的影响因素。相关特征变量的定义如表6－32所示。

表6－32　相关特征变量的定义

变量		定义
因变量	收入水平	1＝低收入水平,2＝中低收入水平,3＝中高收入水平,4＝高收入水平

续表

变量			定义
协变量	年龄		15～59岁
	受教育程度		1＝未上过学，2＝小学，3＝初中，4＝高中，5＝中专，6＝大学专科，7＝大学本科，8＝研究生
因子变量	人口学特征	性别	1＝男，2＝女
		是否单身	1＝单身，2＝非单身
		户口性质	1＝农业，2＝非农业
	流动特征	流入区域	1＝东北，2＝华北，3＝华东，4＝华中，5＝华南，6＝西南，7＝西北
		流动范围	1＝跨省流动，2＝省内跨市流动，3＝市内跨县流动
		流入时长	1＝1年及以下，2＝2～5年，3＝6～9年，4＝10年及以上
	社会特征	代际差异1	0＝1980年前出生，1＝1980年及以后出生
		代际差异2	0＝1990年前出生，1＝1990年及以后出生
		所属行业	1＝农林牧渔业，2＝工业，3＝建筑业，4＝服务业
		职业选择	1＝农林牧渔业人员，2＝普通工人及杂工，3＝专业技术人员，4＝办公室工作人员，5＝服务行业人员
		单位性质	1＝机关事业单位，2＝国有企业单位，3＝外资企业单位，4＝民营集体单位，5＝工商个体单位

二　人口学相关因素分析结果

SPSS分析结果显示，人口学因素对收入水平的影响均通过检验：年龄和受教育程度作为连续变量对收入水平的影响略有不同。如表6－33所示，其中年龄因素的发生比为0.952，即年龄每提高一岁流动人口收入水平提高的概率有所下降，不过下降幅度不是很大，说明年龄对收入水平的影响不是很大；受教育程度的发生比为1.248，即每提高一个受教育程度流动人口收入水平的提高概率增加

24.8%，说明受教育程度对收入水平的影响还是比较明显的。另外，性别因素对收入水平的影响也比较明显，发生比为2.735，即男性流动人口提高收入水平的概率是女性流动人口的2.735倍。除此之外，户口性质中农业户口因素的发生比为0.779，即农业户口对非农业户口来说，提高流动人口收入水平的概率相对较低；同样单身对于非单身来说，提高流动人口收入水平的概率也相对较低，这说明婚姻和家庭的稳定对流动人口来说更能让他们全身心地投入工作中，提高他们的收入水平。

表6-33　人口学因素回归分析结果

变量		显著水平	Exp
年龄		0.000	0.952
性别(以女性人口为参照)	男	0.000	2.735
户口性质(以非农业为参照)	农业	0.000	0.779
受教育程度		0.000	1.248
是否单身(以非单身为参照)	单身	0.000	0.701

三　流动特征分析结果

流动人口的流动特征对其收入水平的提高也能产生一定的影响。如表6-34所示，分析结果显示，流动范围对收入水平的影响均显著，以市内跨县流动为参照，跨省流动和省内跨市流动的发生比分别为1.812和1.236，即跨省流动和省内跨市流动的人口提高收入水平的概率比市内跨县流动的流动人口要高，分别高出81.2%和23.6%；流入区域中只有华南地区显著水平较高，即流入华南地区对流动人口提高收入水平没有影响，以西北地区为参照，东北、华北、华东、华中和西南地区的发生比为0.933、1.043、1.362、0.929和1.152，即流动人口流入东北、华北和华中地区对其收入水平的提高产生影响较小，流入华东和西南地区的流动人口对其收入水平提高影响较大，分别比流入西北地区提高收入水平的概率提高了36.2%和15.2%；流入时间对流动人口提高收入水平也有一定的影响，以流入10年及以上为参照，流入1年左右对流动人口收入水平的提高没有影响，而流入2～5年和6～9年对流动人口提高收入水平通过检验，发生比分别为1.073和1.036，即流入时间为2～5年和6～9年的流动人口提高收入水平的概率分别比流入10年及以上的流动人口提高收入水平的概率提高了7.3%和3.6%。

表6－34　流动特征回归分析结果

变量		显著水平	Exp
流动范围（以市内跨县流动为参照）	跨省流动	0.000	1.812
	省内跨市流动	0.000	1.236
流入区域（以西北为参照）	东北	0.003	0.933
	华北	0.020	1.043
	华东	0.000	1.362
	华中	0.000	0.929
	华南	0.070	0.964
	西南	0.000	1.152
流入时间（以10年及以上为参照）	1年左右	0.155	1.023
	2～5年	0.000	1.073
	6～9年	0.039	1.036

四　社会经济特征分析结果

如表6－35所示，分析结果显示，大多数社会经济特征对流动人口提高收入水平能够产生影响。代际差异方面本书选择两种代际差异，即分别以1980年和1990年为出生界限。如果以1980年及以后出生的流动人口为参照，1980年以前出生的流动人口提高收入水平的概率就较高，但相差不是很大，仅提高了5.8%；而相对于1990年及以后出生的流动人口来说，1990年以前出生的流动人口收入水平提高的概率较大，将近提高了90%，说明1980～1990年出生的流动人口是影响流动人口整体收入水平的主要群体。在经济因素中主要选择就业职业、就业行业和就业单位性质为因变量，结果显示几乎所有因素均通过检验，其中以服务业人员为参照，农林牧渔业人员提高收入水平的概率较低，而其他职业的流动人口提高收入水平的概率均高于服务业人员，办公室工作人员和专业技术人员提高收入水平的概率分别为79.2%和78.0%，普通工人及杂工提高收入水平的概率为34.3%；除了就业行业选择工业以外，选择其他行业对流动人口提高收入水平均有影响，其中选择农林牧渔业的流动人口提高收入水平的概率较低，而选择建筑业提高收入水平的概率则较高，以服务业为参照能够提高61.2%；就业单位性质中以工商个体单位为参照，选择外资企业单位对流动人口提高收入水平的概率较高，不过也仅能够提高6.2%，选择其他就业单位对流动人口提高收入水平均有影响，且提高收入水平的概率均低于工商个体单位。

表6－35　社会经济特征分析结果

变量		显著水平	Exp
代际差异1(以1980年及以后出生为参照)	1980年以前出生	0.001	1.058
代际差异2(以1990年及以后出生为参照)	1990年以前出生	0.000	1.899
就业职业(以服务业人员为参照)	农林牧渔业人员	0.000	0.676
	普通工人及杂工	0.000	1.343
	专业技术人员	0.000	1.780
	办公室工作人员	0.000	1.792
就业行业(以服务业为参照)	农林牧渔业	0.000	0.711
	工业	0.258	1.019
	建筑业	0.000	1.612
就业单位性质(以工商个体单位为参照)	机关事业单位	0.000	0.419
	国有企业单位	0.000	0.822
	外资企业单位	0.016	1.062
	民营集体单位	0.000	0.865

第七章　中国流动人口消费状况分析

第一节　本地月总支出

如表7－1，图7－1所示，全部样本量中，对本地月总支出进行统计分析，1001～2000元支出组的比重最高，为38.1%，2001～3000元支出组次之，比重为26.3%，0～1000元支出组的比重最低，为15.0%。

表7－1　本研究流动人口本地月总支出分类标准

单位：人，%

名称	分组	分组编号	人数	占比
本地月总支出	0～1000元	1	29659	15.0
	1001～2000元	2	75624	38.1
	2001～3000元	3	52093	26.3
	3001元及以上	4	40980	20.7

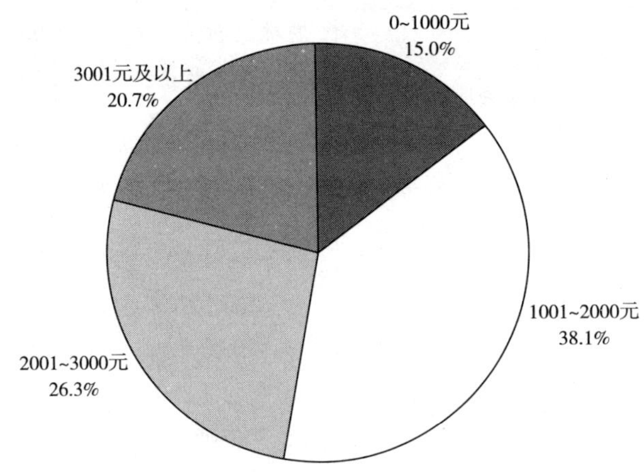

图7－1　流动人口本地月总支出分组分布

一　人口学特征与本地月总支出

（一）性别

如表 7－2 所示，通过对性别和本地月总支出进行交叉分析，可以看出，流动人口的性别因素在本地月总支出上的差异不明显，各支出组上的男女比例很接近。1001～2000 元支出组的比重均最高，分别为 38.8% 和 37.3%，2001～3000 元支出组的比重次之，分别为 25.9% 和 26.7%，0～1000 元支出组比重都是最低的。

表 7－2　我国不同性别流动人口本地月总支出状况

单位：%

性别	本地月总支出分组				合计
	1	2	3	4	
男	15.5	38.8	25.9	19.8	100.0
女	14.3	37.3	26.7	21.7	100.0
合　计	15.0	38.1	26.3	20.7	100.0

（二）年龄

1. 总体年龄

如表 7－3、图 7－2 所示，被调查者年龄范围是 15～59 岁，以 5 岁一组将其分为 9 组。同一年龄组上不同支出的差异为：各年龄组月总支出为 1001～2000 元的比重都是最高的，15～19 岁年龄组、20～24 岁年龄组、55～59 岁年龄组中 0～1000 元支出组比重排第二，分别为 35.9%、25.3% 和 24.6%；25～54 岁这几个年龄组中，比重排第二的是 2001～3000 元支出组，比重排第三的是 3001 元及以上支出组，比重最低的是 0～1000 元支出组。

表 7-3 我国各年龄组流动人口本地月总支出状况

单位：%，元

年龄组	本地月总支出分组				支出均值
	1	2	3	4	
15～19 岁	35.9	40.2	14.9	9.0	1715.33
20～24 岁	25.3	44.0	18.9	11.8	1989.04
25～29 岁	12.4	37.8	27.4	22.5	2585.71
30～34 岁	9.0	34.2	29.8	27.0	2828.65
35～39 岁	9.7	35.6	30.2	24.4	2712.82
40～44 岁	11.9	38.2	28.9	21.0	2536.01
45～49 岁	14.6	39.6	26.1	19.8	2457.25
50～54 岁	18.0	39.9	23.9	18.2	2384.66
55～59 岁	24.6	38.8	19.3	17.3	2252.24
合　计	15.0	38.1	26.3	20.7	2486.95

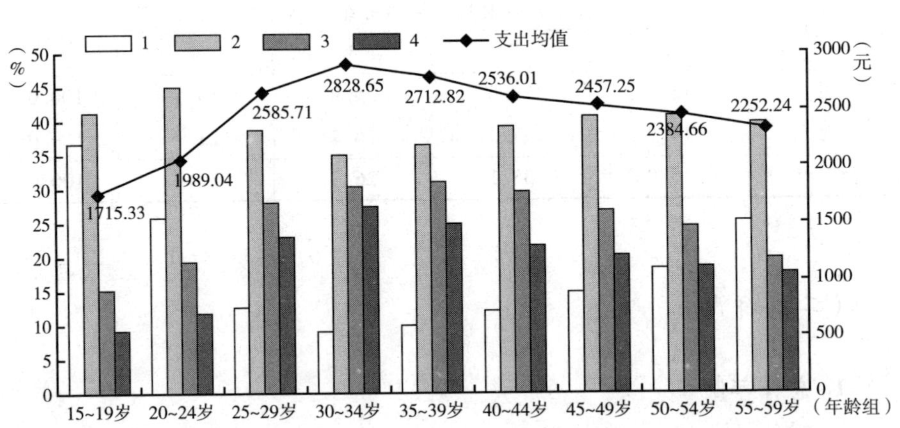

图 7-2 我国各年龄组流动人口本地月总支出状况

从变化趋势来看，随着年龄增加，0～1000 元支出组呈现“U”形趋势，在 15～19 岁年龄组比重最高，然后随年龄升高，比重降低，至 30～34 岁和 35～39 岁时比重分别下降到 9.0% 和 9.7%，之后随年龄升高比重逐渐升高，至 55～59 岁时比重达到 24.6%；1001～2000 元支出组的变化趋势平缓，围绕平均水平 38.1% 上下浮动，在

20～24岁年龄组时比重最高，为44.0%，以及在45～49岁和50～54岁比重再次升高，分别为39.6%和39.9%；中高支出组（2001～3000元支出组和3001元及以上支出组）的变化趋势类似，随着年龄的升高比重先升高后降低，30～34岁和35～39岁年龄组比重较高。

2. 是否80后

如表7－4所示，1980年前后出生的流动人口在本地月总支出不同分组上的差异不明显。在1001～2000元支出组的比重最高，分别为37.3%和38.9%；第二位的是2001～3000元支出组，比重分别为28.4%和24.2%；0～1000元支出组比重最低。2000元及以下的支出组中，1980年及以后出生的流动人口的比重要高于1980年以前出生的流动人口；而2001元及以上的支出组则相反，1980年以前出生的迁入者的比重较高。

表7－4　我国不同年龄段流动人口本地月总支出状况

单位：%，元

指标	本地月总支出分组				支出均值
	1	2	3	4	
1980年以前出生	12.1	37.3	28.4	22.3	2594.66
1980年及以后出生	17.7	38.9	24.2	19.1	2384.15
1990年以前出生	12.3	37.4	27.9	22.5	2596.86
1990年及以后出生	31.7	42.8	15.9	9.5	1804.67
合　计	15.0	38.1	26.3	20.7	2486.95

但1990年前后出生的流动人口在本地月总支出不同分组上的差异较明显。1990年以前出生的流动人口中，1001～2000元支出组的比重最高，为37.4%，2001～3000元支出组的比重次之，为27.9%，0～1000元支出组的比重最低，为12.3%；1990年及以后出生的流动人口中，比重最高的是1001～2000元支出组，为42.8%，0～1000元支出组的比重次之，为31.7%，3001元及以

上支出组比重最低，仅为9.5%，毕竟90后流动人口处于就学阶段，日常花销有限。

（三）婚姻

如表7－5、图7－3所示，未婚流动人口中，1001～2000元的支出组比重最高，为46.1%，0～1000元支出组比重次之，为32.1%，3001元及以上支出组比重最低，为7.6%；而初婚流动人口、再婚流动人口的情况是，比重最高的是1001～2000元支出组，分别为

表7－5　我国不同婚姻状况流动人口本地月总支出状况

单位：%，元

婚姻状况	本地月总支出分组				合计	支出均值
	1	2	3	4		
未　婚	32.1	46.1	14.3	7.6	100.0	1722.92
初　婚	9.8	35.7	29.9	24.7	100.0	2718.30
再　婚	12.0	35.6	30.4	22.0	100.0	2637.05
离　婚	25.7	46.5	16.8	10.9	100.0	1966.22
丧　偶	33.4	39.2	18.3	9.1	100.0	1870.38
合　计	15.0	38.1	26.3	20.7	100.0	2486.95

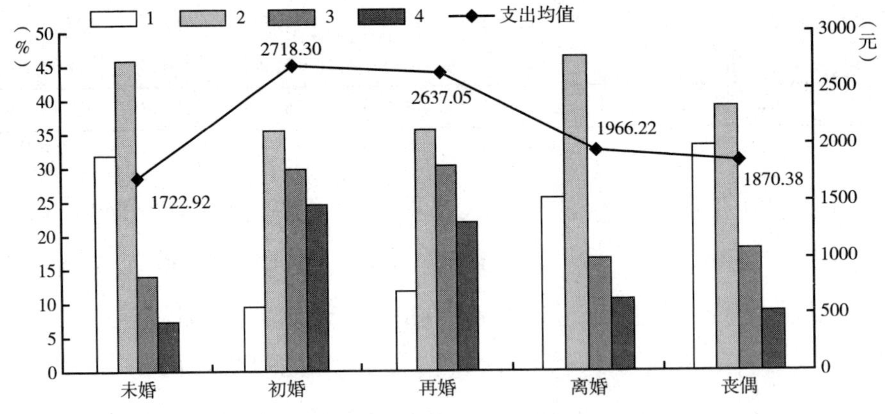

图7－3　我国不同婚姻状况流动人口本地月总支出差异比较

35.7%和35.6%，2001～3000元支出组比重和3001元及以上支出组比重次之，0～1000元支出组比重最低，分别为9.8%和12.0%；而离婚流动人口和丧偶流动人口中，比重最高的是1001～2000元支出组，分别为46.5%和39.2%，比重排第二的是0～1000元支出组，分别为25.7%和33.4%，3001元及以上支出组的比重最低，分别为10.9%和9.1%。

（四）受教育程度

如表7－6所示，受调查者受教育程度情况同本地月总支出的关系中，除未上过学、大学本科、大学专科、研究生学历外，其他受教育程度的流动人口在各支出组上的差异不大。小学、初中、高中和中专在1001～2000元支出组的比重最高，2001～3000元支出组的比重次之。未上过学的流动人口，比重最高的是1001～2000元支出组，为39.6%，0～1000元和2001～3000元支出组的比重接近，分别为23.4%和22.2%。大学本科、研究生学历的流动人口，在3001元及以上支出组的比重最高，分别为41.3%和59.1%，研究生学历中3001元及以上支出组占一半以上，大学本科中比重第二位的是1001～2000元支出组，为28.1%，研究生中比重第二位的是2001～3000元支出组，为20.5%，二者在0～1000元支出组的比重都远低于其他学历者。

如图7－4所示，不同受教育程度各支出组的变化趋势也不同。0～1000元支出组和1001～2000元支出组趋势相近，都是随着学历的提高，其人口比重相对下降，未上过学的人口比重最高，研究生比重最低，仅为5.2%和15.3%；2001～3000元支出组的比重在各学历上接近，而3001元及以上支出组的比重则随着学历的提高逐渐提高，在研究生学历达到最高，为59.1%，从大学专科开始，比重迅速提高。

另外，从表7－7可以看出，本地月总支出随着学历的提高呈现增加趋势。在大学专科以下学历中，月总支出的均值变化不明显，从大学专科开始，支出迅速增加，研究生学历的支出最高，为4831.67元。大学专科相较于高中学历的支出增长率为16.99%，大学本科相较于大学专科的支出增长率为21.03%，研究生相较于大学本科支出的增长率高达35.67%。本地月总支出和学历呈正相关关系，高学历流动人口支出更为明显。

表7-6 我国不同受教育程度流动人口本地月总支出状况

单位：%，元

受教育程度	本地月总支出分组				支出均值
	1	2	3	4	
未上过学	23.4	39.6	22.2	14.7	2129.70
小学	17.4	39.8	26.4	16.4	2290.70
初中	15.0	39.0	27.1	18.9	2401.72
高中	14.2	37.7	26.0	22.2	2550.97
中专	15.5	38.1	24.8	21.6	2515.39
大学专科	11.5	33.3	24.5	30.7	2942.67
大学本科	8.8	28.1	21.8	41.3	3561.45
研究生	5.2	15.3	20.5	59.1	4831.67
合 计	15.0	38.1	26.3	20.7	2486.95

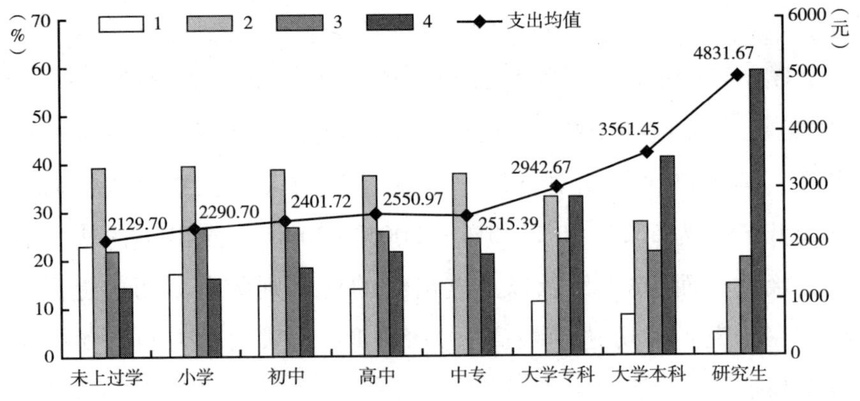

图7-4 我国不同受教育程度流动人口本地月总支出差异比较

表 7－7　我国不同受教育程度流动人口本地月总支出均值比较

单位：元，%

受教育程度	支出均值	增加值	增长率
未上过学	2129.70	—	—
小学	2290.70	161	7.56
初中	2401.72	111.02	4.85
高中	2550.97	149.25	6.21
中专	2515.39	－35.58	－1.39
大学专科	2942.67	427.28	16.99
大学本科	3561.45	618.78	21.03
研究生	4831.67	1270.22	35.67

（五）户口性质

如表 7－8 所示，农业户口流动人口中，1001～2000 元支出组的比重最高，为 39.0%，2001～3000 元支出组比重次之，为 26.4%，0～1000 元支出组比重最低，为 15.7%；而非农业户口流动人口中，1001～2000 元支出组比重最高，为 32.7%，3001 元及以上支出组比重次之，为 31.0%，比重最低的是 0～1000 元支出组，为 10.8%。

表 7－8　我国不同户口性质流动人口本地月总支出状况

单位：%，元

户口性质	本地月总支出分组				合计	支出均值
	1	2	3	4		
农业	15.7	39.0	26.4	18.9	100.0	2400.41
非农业	10.8	32.7	25.6	31.0	100.0	2998.43
合　计	15.0	38.1	26.3	20.7	100.0	2486.95

二　社会经济特征与月总支出

（一）主要职业

如表7－9、图7－5所示，相同职业类型中不同月总支出的对比如下。农林牧渔业人员中比重最高的是1001～2000元支出组，为43.9%，接近一半，0～1000元支出组比重次之，为29.3%，接近三分之一，3001元及以上的支出组的比重最低，仅为8.5%，不仅低于总体平均水平20.7%，而且比其他职业在3001元及以上支出组中的比重要低很多。普通工人及杂工中，1001～2000元支出组流动人口比重最高，为41.6%，2001～3000元支出组比重次之，为25.1%，第三位才是0～1000元支出组，比重为20.6%，3001元及以上支出组的比重还是低于平均水平的20.7%。专业技术人员、办公室工作人员中，3001元及以上支出组的比重分别为26.5%和33.9%，远远高于同支出组下其他职业类型的比重和平均水平。相

表7－9　我国不同职业流动人口本地月总支出状况

单位：%，元

主要职业	本地月总支出分组				合计	支出均值
	1	2	3	4		
农林牧渔业人员	29.3	43.9	18.3	8.5	100.0	1860.18
普通工人及杂工	20.6	41.6	25.1	12.8	100.0	2095.90
专业技术人员	12.7	36.2	24.6	26.5	100.0	2753.09
办公室工作人员	8.1	32.1	25.9	33.9	100.0	3138.41
服务行业人员	12.6	36.4	26.8	24.3	100.0	2658.22
其他及无业者	14.0	39.3	27.9	18.8	100.0	2432.19
合　计	15.0	38.1	26.3	20.7	100.0	2486.95

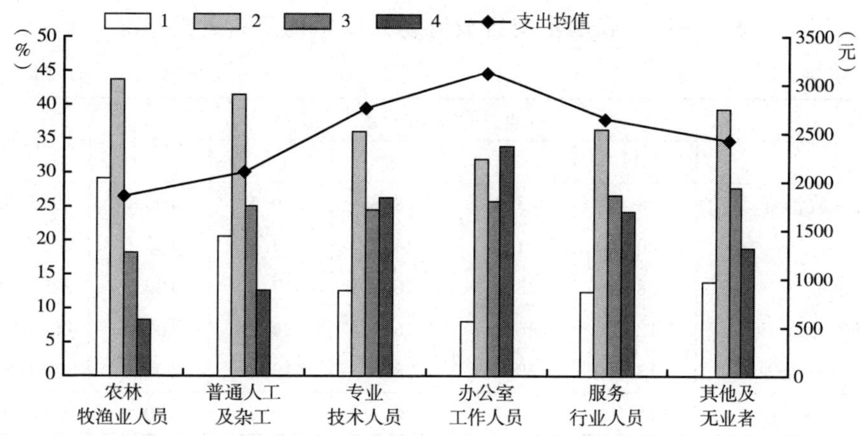

图 7-5　我国不同职业流动人口本地月总支出差异比较

应的 0～1000 元支出组的比重很低，办公室工作人员在此支出组的比重仅为 8.1%。服务行业人员中，第一位是 1001～2000 元支出组，比重为 36.4%，第二位是 2001～3000 元支出组，比重为 26.8%，但第三位是 3001 元及以上支出组，比重为 24.3%，高于平均水平。本地月总支出均值中，最高的是办公室工作人员，为 3138.41 元。

（二）所属行业

如表 7-10、图 7-6 所示，1001～2000 元支出组在各行业中比重都是最高的，其中服务业在该组的比重较其他行业低，为 36.1%。农林牧渔业中，比重排第二的是 0～1000 元支出组，为 28.7%，这与其他行业相比要高很多。工业、建筑业和服务业情况类似，比重最高的都是 1001～2000 元支出组，2001～3000元支出组比重次之，分别为 24.2%、26.2% 和 26.7%；3001 元及以上支出组中服务业的比重较其他行业要高。本地月总支出均值最高的也是服务业，为 2683.84 元。

表 7-10　我国不同行业流动人口本地月总支出状况

单位：%，元

所属行业	本地月总支出分组				合计	支出均值
	1	2	3	4		
农林牧渔业	28.7	43.1	18.8	9.5	100.0	1903.52
工业	20.2	41.9	24.2	13.7	100.0	2137.85
建筑业	18.4	38.2	26.2	17.2	100.0	2295.19
服务业	12.3	36.1	26.7	24.8	100.0	2683.84
其他及无业	13.5	39.0	28.0	19.5	100.0	2471.59
合　计	15.0	38.1	26.3	20.7	100.0	2486.95

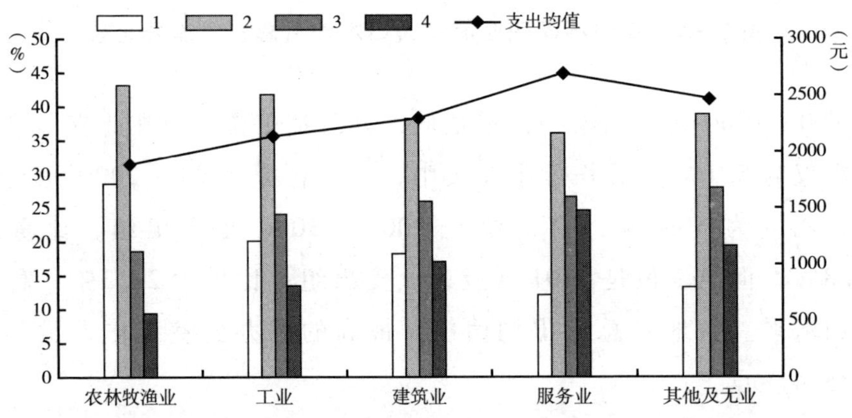

图 7-6　我国不同行业流动人口本地月总支出差异比较

（三）就业单位

如表 7-11、图 7-7 所示，单位性质在本地月总支出分组的表现为，各单位性质在 1001～2000 元支出组的比重都是最高的。具体到各单位性质上，机关事业单位在0～1000 元支出组的流动人口比重最低，为 12.2%，比重最高的是 1001～2000 元支出组，为 39.4%；外资企业单位中，比重排第二的是 0～1000 元支出组，为 22.2%，这是外资企业单位与其他性质单位的差异。而且，国有企业单位、外资企业单位、民营集体单位的 0～1000 元支出组流动人口的比重相对其他性质单位要高，说明这些单位员工福利要好些，所以在低开销的 0～1000 元支出组的比重会相对较高。

表 7－11　我国不同单位性质流动人口本地月总支出状况

单位：%，元

单位性质	本地月总支出分组				支出均值
	1	2	3	4	
机关事业单位	12.2	39.4	26.5	22.0	2545.35
国有企业单位	18.4	37.4	24.7	19.5	2397.81
外资企业单位	22.2	39.6	20.1	18.1	2304.88
民营集体单位	19.3	42.0	23.8	14.9	2211.92
工商个体单位	11.7	34.3	27.4	26.6	2757.46
其他及无单位	13.2	39.5	28.9	18.4	2416.32
合　计	15.0	38.1	26.3	20.7	2486.95

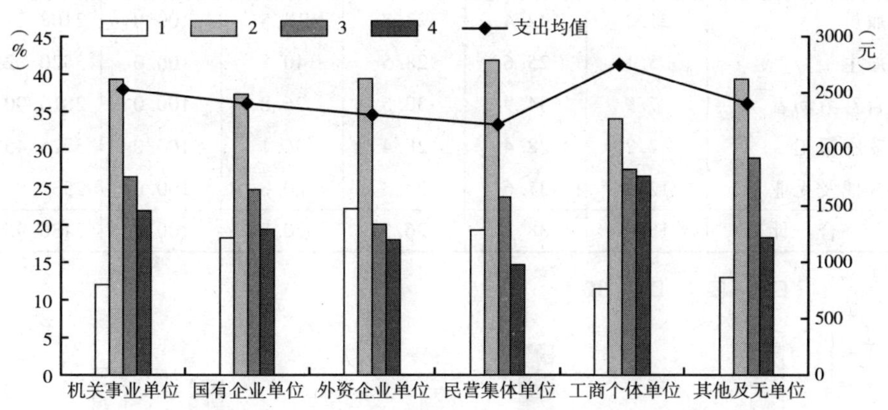

图 7－7　我国不同单位性质流动人口本地月总支出差异比较

（四）就业身份

如表 7－12、图 7－8 所示，不同就业身份在本地月总支出上的差异表现为，雇员比重最高的是 1001～2000 元支出组，为 42.4%；

0～1000 元支出组和 2001～3000 元支出组的比重接近，分别为 21.2%和 22.8%；3001 元及以上支出组比重最低，为 13.5%，与其他就业身份者在此支出组的比重相比要小很多。雇主在 3001 元及以上支出组的比重最高，为 40.8%；第二位的是 2001～3000 元支出组，比重为 28.5%；0～1000 元支出组的比重最低，仅为 5.1%。自营劳动者比重最高的是 1001～2000 元支出组，为 34.9%；2001～3000 元支出组比重次之，为 30.5%。而家庭帮工的本地月总支出比重最高的是 3001 元及以上，为 36.1%，1001～2000 元支出组和 2001～3000 元支出组的比重相当，均为 28.4%。

表 7－12　我国不同就业身份流动人口本地月总支出状况

单位：%，元

就业身份	本地月总支出分组				合计	支出均值
	1	2	3	4		
雇员	21.2	42.4	22.8	13.5	100.0	2108.53
雇主	5.1	25.6	28.5	40.8	100.0	3520.82
自营劳动者	7.9	34.9	30.5	26.8	100.0	2810.90
家庭帮工	7.2	28.4	28.4	36.1	100.0	3225.45
其他及无业者	12.3	37.6	29.3	20.8	100.0	2537.84
合　计	15.0	38.1	26.3	20.7	100.0	2486.95

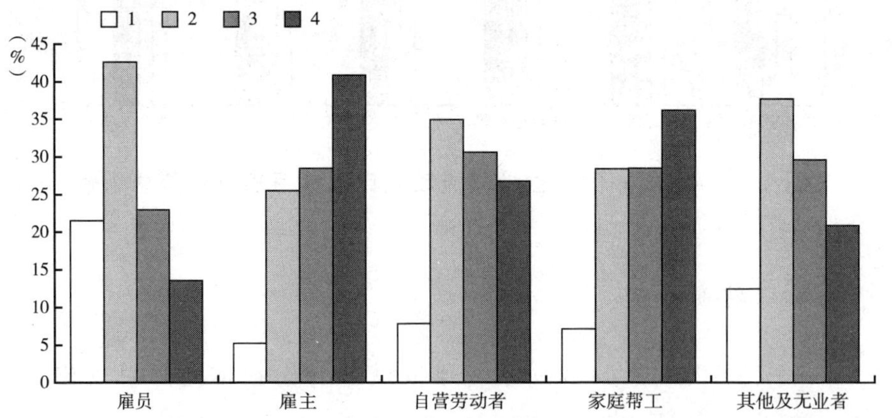

图 7－8　我国不同就业身份流动人口本地月总支出差异比较

三　流动特征与本地月总支出

（一）流动范围

如表 7－13 所示，不论是跨省流动还是省内跨市流动抑或是市内跨县流动，1001～2000 元支出组的比重都是最高的，分别为 37.4%、38.1%和 39.9%，比重排第二的是 2001～3000 元支出组，分别为 25.5%、27.2%和 27.0%。说明三种流动范围在本地月总支出上没有显著差异。

表 7－13　我国不同流动范围流动人口本地月总支出状况

单位：%，元

流动范围	本地月总支出分组				合计
	1	2	3	4	
跨省流动	15.3	37.4	25.5	21.7	100.0
省内跨市流动	13.9	38.1	27.2	20.8	100.0
市内跨县流动	15.5	39.9	27.0	17.6	100.0
合　计	15.0	38.1	26.3	20.7	100.0

（二）流入时间

如表 7－14 所示，我国流动人口月总支出均值为 2486.95 元，流入时间越长，月总支出均值越高。从我国月总支出分组情况来看，1001～2000 元支出组的比重最高，为 38.1%，2001～3000 元支出组的比重次之，为 26.3%，3001 元及以上支出组和 0～1000 元支出组的比重排在第三位和第四位，分别为 20.7%和 15.0%。从不同流入时间的情况来看，无论流入时间长短，1001～2000 元支出组的比重均最高，而流入时间在 1 年左右的流动人口，3001 元及以上支出组的比重最低，为 14.2%，其他流入时间的流动人口中，0～1000 元支出组的比重最低。这说明，流入时间的长短与我国流动人口的月总支出存在一定的相关关系，特别是随着流入时间变长，3001 元及以上支出组的比重明显提高，从流入时间为 1 年左右的 14.2% 提高到流入时间为 10 年及以上的 27.0%，增长了 12.8 个百分点。

表 7－14　我国不同流入时间流动人口本地月总支出状况

单位：%，元

流入时间	本地月总支出分组				合计	支出均值
	1	2	3	4		
1 年左右	23.3	41.3	21.2	14.2	100.0	2113.39
2～5 年	13.2	38.5	27.4	20.9	100.0	2506.76
6～9 年	8.9	34.7	29.8	26.6	100.0	2812.07
10 年及以上	9.2	34.1	29.7	27.0	100.0	2849.75
合　计	15.0	38.1	26.3	20.7	100.0	2486.95

第二节　月食品支出

如表 7－15 所示，从样本总体来看，流动人口中月食品支出组 2 的比重最高，为 4 成左右；月食品支出组 3 的比重排在第二，为 30.1%；比重排在第三的是组 1，也达到了 23.1%；比重最低的是月食品支出组 4，仅为 5.9%。

表 7－15　本研究流动人口月食品支出分类标准

单位：人，%

名称	分组	分组编号	人数	占比
月食品支出	0～500 元	1	45859	23.1
	501～1000 元	2	81106	40.9
	1001～2000 元	3	59644	30.1
	2001 元及以上	4	11747	5.9

一　人口学特征与月食品支出

（一）性别

如表 7－16 所示，从不同性别不同月食品支出分组的角度分析，男性月食品支出组 2 的比重最高，为 41.3%，组 3 的比重次之，月食品支出组 4 的比重仅为 5.8%；女性的月食品支出分组的比重分布与男性相差不大，同样为组 2 的比重最高，为 40.5%，组 3 的比重次之，月食品支出组 4 的比重仅为 6.0%。

表 7－16　我国不同性别流动人口月食品支出

单位：元，%

性别		月食品支出分组				合计
		1	2	3	4	
男	计数	24716	43926	31621	6216	106479
	比重	23.2	41.3	29.7	5.8	100.0
女	计数	21143	37180	28023	5531	91877
	比重	23.0	40.5	30.5	6.0	100.0
合计	计数	45859	81106	59644	11747	198356
	比重	23.1	40.9	30.1	5.9	100.0

（二）年龄

1. 总体年龄

如表 7－17 所示，在 15～34 岁，随着年龄的增加，流动人口中月食品支出组 1 的比重在逐渐降低，相对应的是，月食品支出组 3 与组 4 的比重则在逐渐升高；而在 35～59 岁，随着年龄的增加，流动人口中月食品支出组 1 的比重在逐渐升高，相对应的是，月食品支出组 3 与组 4 的比重则在逐渐降低；30～34 岁年龄组与 35～39 岁年龄组的流动人口中，月食品支出组 1 的比重均较低，月食品支出组 3 与组 4 的比重则均较高；此外，各年龄段中月食品支出组 2 的比重差异不显著。

表 7－17　我国各年龄组流动人口月食品支出

单位：元，%

年龄组		月食品支出分组				合计
		1	2	3	4	
15～19 岁	计数	4716	4011	1771	292	10790
	比重	43.7	37.2	16.4	2.7	100.0
20～24 岁	计数	9681	11984	5710	1008	28383
	比重	34.1	42.2	20.1	3.6	100.0
25～29 岁	计数	7967	15970	11762	2423	38122
	比重	20.9	41.9	30.9	6.4	100.0
30～34 岁	计数	6009	13751	12375	2690	34825
	比重	17.3	39.5	35.5	7.7	100.0
35～39 岁	计数	5481	12553	11139	2211	31384
	比重	17.5	40.0	35.5	7.0	100.0
40～44 岁	计数	5933	12328	9644	1717	29622
	比重	20.0	41.6	32.6	5.8	100.0
45～49 岁	计数	3818	6985	4958	940	16701
	比重	22.9	41.8	29.7	5.6	100.0
50～54 岁	计数	1365	2402	1582	312	5661
	比重	24.1	42.4	27.9	5.5	100.0
55～59 岁	计数	889	1122	703	154	2868
	比重	31.0	39.1	24.5	5.4	100.0

2. 是否 80 后

如表 7－18 所示，1980 年以前出生的流动人口中月食品支出组 1 的比重为 19.9%，低于 1980 年及以后出生的流动人口中月食品支出组 1 的比重 26.2%；而 1980 年以前出生的流动人口中月食品支出组 3 与组 4 的比重 33.0% 与 6.4%，均高于 1980 年及以后出生的流动人口中月食品支出组 3 与组 4 的比重 27.3% 与 5.5%。

表 7－18　我国不同年龄段流动人口月食品支出 1

单位：元，%

指标		月食品支出分组				合计
		1	2	3	4	
1980 年以前出生	计数	19269	39509	31929	6161	96868
	比重	19.9	40.8	33.0	6.4	100.0
1980 年及以后出生	计数	26590	41597	27715	5586	101488
	比重	26.2	41.0	27.3	5.5	100.0

3. 是否 90 后

如表 7－19 所示，1990 年及以后出生的流动人口中月食品支出组 1 的比重（39.9%）比 1990 年以前出生的流动人口中月食品支出组 1 的比重（20.4%）高 19.5 个百分点；而 1990 年及以后出生的流动人口中月食品支出组 2、组 3 与组 4 的比重则均低于 1990 年以前出生的流动人口中月食品支出组 2、组 3 与组 4 的比重。

表 7－19　我国不同年龄段流动人口月食品支出 2

单位：元，%

指标		月食品支出分组				合计
		1	2	3	4	
1990 年以前出生	计数	34886	70155	54824	10972	170837
	比重	20.4	41.1	32.1	6.4	100.0
1990 年及以后出生	计数	10973	10951	4820	775	27519
	比重	39.9	39.8	17.5	2.8	100.0

（三）婚姻

如表 7－20 所示，未婚、离婚与丧偶流动人口中月食品支出组 1 与组 2 的比重均较高，两组比重之和大致为 80%；初婚与再婚流动人口的月食品支出主要集中在组 2 与组 3，比重之和均在 70% 左右；

此外，初婚与再婚人口中月食品支出组 4 的比重均远高于其他三组的比重，分别为 7.2% 与 7.0%。

表 7 - 20　我国不同婚姻状况流动人口月食品支出

单位：元，%

婚姻状况		月食品支出分组				合计
		1	2	3	4	
未婚	计数	17620	18331	6204	799	42954
	比重	41.0	42.7	14.4	1.9	100.0
初婚	计数	26386	60151	51941	10684	149162
	比重	17.7	40.3	34.8	7.2	100.0
再婚	计数	480	934	844	169	2427
	比重	19.8	38.5	34.8	7.0	100.0
离婚	计数	1077	1422	522	77	3098
	比重	34.8	45.9	16.8	2.5	100.0
丧偶	计数	296	268	133	18	715
	比重	41.4	37.5	18.6	2.5	100.0

（四）受教育程度

如表 7 - 21 所示，将近 30% 的未上过学的流动人口选择月食品支出组 1，而随着受教育程度的提高，流动人口中选择月食品支出组 1 的比重逐渐降低（中专除外）；此外，在中专学历以上，月食品支出组 4 的比重逐渐上升且幅度明显，到研究生时比重最高，为 23.1%。除研究生之外，月食品支出组 3 的比重均小于组 2 的比重；未上过学的流动人口中月食品支出组 3 的比重甚至小于组 1 的比重，且月食品支出组 4 的比重小于组 1 的比重；而研究生中月食品支出组 3 的比重大于组 2 的比重，达到了 36.7%，研究生中月食品支出组 4 的比重高出月食品支出组 1 的比重 13.9 个百分点。

表 7-21　我国不同受教育程度流动人口月食品支出

单位：元，%

受教育程度		月食品支出分组				合计
		1	2	3	4	
未上过学	计数	981	1261	875	173	3290
	比重	29.8	38.3	26.6	5.3	100.0
小学	计数	6288	10683	7911	1334	26216
	比重	24.0	40.7	30.2	5.1	100.0
初中	计数	25231	44307	32372	5614	107524
	比重	23.5	41.2	30.1	5.2	100.0
高中	计数	7091	12693	8942	1842	30568
	比重	23.2	41.5	29.3	6.0	100.0
中专	计数	2860	4765	3509	734	11868
	比重	24.1	40.1	29.6	6.2	100.0
大学专科	计数	2441	5007	3799	1111	12358
	比重	19.8	40.5	30.7	9.0	100.0
大学本科	计数	928	2258	2080	841	6107
	比重	15.2	37.0	34.1	13.8	100.0
研究生	计数	39	132	156	98	425
	比重	9.2	31.1	36.7	23.1	100.0

（五）户口性质

如表 7-22 所示，农业户口流动人口中月食品支出组 1 与组 2 的比重分别为 23.9% 与 41.2%，均高于非农业户口流动人口中月食品支出组 1 与组 2 的比重 18.4% 与 39.1%；而农业户口流动人口中月食品支出组 3 与组 4 的比重分别为 29.6% 与 5.3%，均低于非农业户口流动人口中月食品支出组 3 与组 4 的比重 32.9% 与 9.6%。

表 7－22 我国不同户口性质流动人口月食品支出

单位：元，%

户口性质		月食品支出分组				合计
		1	2	3	4	
农业	计数	40581	69878	50189	9002	169650
	比重	23.9	41.2	29.6	5.3	100.0
非农业	计数	5278	11228	9455	2745	28706
	比重	18.4	39.1	32.9	9.6	100.0

二 社会经济特征与月食品支出

（一）主要职业

如表 7－23 所示，在主要职业中，农林牧渔业人员中月食品支出组 2 的比重最高，为 45.1%，办公室工作人员中月食品支出组 2 的比重最低，为 36.7%；办公室工作人员中月食品支出组 3 的比重相对较高，为 35.8%；专业技术人员中月食品支出组 4 的比重高于其他各职业（办公室工作人员除外），达到了 8.1%。

表 7－23 我国不同就业职业流动人口月食品支出

单位：元，%

主要职业		月食品支出分组				合计
		1	2	3	4	
农林牧渔业人员	计数	1436	2020	904	122	4482
	比重	32.0	45.1	20.2	2.7	100.0
普通工人及杂工	计数	11802	18070	13334	2351	45557
	比重	25.9	39.7	29.3	5.2	100.0
专业技术人员	计数	2045	4087	3238	824	10194
	比重	20.1	40.1	31.8	8.1	100.0
办公室工作人员	计数	465	1030	1005	309	2809
	比重	16.6	36.7	35.8	11.0	100.0

续表

主要职业		月食品支出分组				合计
		1	2	3	4	
服务行业人员	计数	23314	43388	31134	6095	103931
	比重	22.4	41.7	30.0	5.9	100.0
其他及无业者	计数	6797	12511	10029	2046	31383
	比重	21.7	39.9	32.0	6.5	100.0

（二）所属行业

如表7－24所示，农林牧渔业流动人口中月食品支出组3的比重最低，仅为20.6%，其他各行业月食品支出组3的比重则大致在30%左右；此外，农林牧渔业流动人口中月食品支出组4的比重同样最低，为3.1%，其他各行业则相差不大。

表7－24　我国不同行业流动人口月食品支出

单位：元，%

所属行业		月食品支出分组				合计
		1	2	3	4	
农林牧渔业	计数	1616	2252	1042	156	5066
	比重	31.9	44.5	20.6	3.1	100.0
工业	计数	9959	15222	10856	2008	38045
	比重	26.2	40.0	28.5	5.3	100.0
建筑业	计数	3683	5949	4847	1007	15486
	比重	23.8	38.4	31.3	6.5	100.0
服务业	计数	22082	42050	30425	6053	100610
	比重	21.9	41.8	30.2	6.0	100.0
其他及无业	计数	8519	15633	12474	2523	39149
	比重	21.8	39.9	31.9	6.4	100.0

（三）就业单位

如表7－25所示，29.2%的外资企业单位的流动人口在月食品支出组1的比重高于其他单位性质；此外，外资企业单位的流动人口中月食品支出组2与组3的比重则均低于其他单位性质的比重；就职于机关事业单位的流动人口中月食品支出组4的比重相对较高，为6.6%。

表7－25 我国不同单位性质流动人口月食品支出

单位：元，%

单位性质		月食品支出分组				合计
		1	2	3	4	
机关事业单位	计数	603	1331	973	205	3112
	比重	19.4	42.8	31.3	6.6	100.0
国有企业单位	计数	1613	3128	2266	422	7429
	比重	21.7	42.1	30.5	5.7	100.0
外资企业单位	计数	2364	3205	2037	487	8093
	比重	29.2	39.6	25.2	6.0	100.0
民营集体单位	计数	15499	23544	16017	3024	58084
	比重	26.7	40.5	27.6	5.2	100.0
工商个体单位	计数	16608	32179	24110	4843	77740
	比重	21.4	41.4	31.0	6.2	100.0
其他及无单位	计数	9172	17719	14241	2766	43898
	比重	20.9	40.4	32.4	6.3	100.0

（四）就业身份

如表7－26所示，雇员中月食品支出组1的比重在各就业身份中最高，自营劳动者月食品支出组2的比重最高，为43.2%；雇员中月食品支出组3与组4的比重最低，仅为26.0%与4.4%，而雇主中月食品支出组3和组4的比重高于其他就业身份的比重，分别为37.6%与11.8%。

表 7 – 26　我国不同就业身份流动人口月食品支出

单位：元，%

就业身份		月食品支出分组				合计
		1	2	3	4	
雇员	计数	28667	41146	26143	4418	100374
	比重	28.6	41.0	26.0	4.4	100.0
雇主	计数	2160	5558	5735	1806	15259
	比重	14.2	36.4	37.6	11.8	100.0
自营劳动者	计数	9247	22931	17603	3285	53066
	比重	17.4	43.2	33.2	6.2	100.0
家庭帮工	计数	782	2059	1827	435	5103
	比重	15.3	40.3	35.8	8.5	100.0
其他及无业	计数	5003	9412	8336	1803	24554
	比重	20.4	38.3	33.9	7.3	100.0

（五）周工作天数

如表 7 – 27 所示，与其他工作天数相比，周工作天数 1 天与 6 天流动人口中月食品支出组 1 的比重最高，均为 28.2%；此外，周工作天数 1 天的流动人口中月食品支出组 4 的比重也同样高于其他工作天数的比重，为 9.1%，月食品支出组 4 的比重排在第二的是周工作天数为 5 天的流动人口，为 8.3%。

表 7 – 27　我国不同工作时间流动人口月食品支出

单位：元，%

周工作天数		月食品支出分组				合计
		1	2	3	4	
0 天	计数	5003	9412	8336	1803	24554
	比重	20.4	38.3	33.9	7.3	100.0
1 天	计数	31	38	31	10	110
	比重	28.2	34.5	28.2	9.1	100.0

续表

周工作天数		月食品支出分组				合计
		1	2	3	4	
2天	计数	70	122	99	17	308
	比重	22.7	39.6	32.1	5.5	100.0
3天	计数	221	360	325	63	969
	比重	22.8	37.2	33.5	6.5	100.0
4天	计数	426	877	688	147	2138
	比重	19.9	41.0	32.2	6.9	100.0
5天	计数	5694	10288	7913	2157	26052
	比重	21.9	39.5	30.4	8.3	100.0
6天	计数	15032	22420	13634	2235	53321
	比重	28.2	42.0	25.6	4.2	100.0
7天	计数	19382	37589	28618	5315	90904
	比重	21.3	41.4	31.5	5.8	100.0

三　流动特征与月食品支出

（一）流动范围

随着流动范围的扩大，流动人口的月食品支出也呈现增加的趋势。跨省流动人口中食品支出组1与组2的比重为23.4%与39.4%，跨省流动人口中食品支出组1的比重高于省内跨市中食品支出组1的比重，低于市内跨县中食品支出组1的比重；跨省流动人口中食品支出组2的比重低于省内跨市与市内跨县中食品支出组1的比重，但是食品支出组3与组4的人口比重（30.4%与6.9%）则高于其他两组流动人口中食品支出组3与组4的比重（如表7－28所示）。

表7－28　我国不同流动范围流动人口月食品支出

单位：元，%

流动范围		月食品支出分组				合计
		1	2	3	4	
跨省流动	计数	24139	40732	31376	7114	103361
	比重	23.4	39.4	30.4	6.9	100.0
省内跨市流动	计数	12735	23967	17262	3076	57040
	比重	22.3	42.0	30.3	5.4	100.0
市内跨县流动	计数	8985	16407	11006	1557	37955
	比重	23.7	43.2	29.0	4.1	100.0

（二）流入时间

当流入时间增加时，月食品支出的增加相对较为明显。与流入时间10年以内的流动人口相比，流入时间10年及以上的流动人口中月食品支出组1与组2的比重均最低，分别为16.1%与38.8%，相对应的是，月食品支出组3与组4的比重则最高，分别达到了36.0%与9.1%（如表7－29所示）。

表7－29　我国不同流入时间流动人口月食品支出

单位：元，%

流入时间		月食品支出分组				合计
		1	2	3	4	
1年左右	计数	18335	23977	13373	2176	57861
	比重	31.7	41.4	23.1	3.8	100.0
2～5年	计数	17979	34441	25245	4638	82303
	比重	21.8	41.8	30.7	5.6	100.0
6～9年	计数	5000	11716	10835	2359	29910
	比重	16.7	39.2	36.2	7.9	100.0
10年及以上	计数	4545	10972	10191	2574	28282
	比重	16.1	38.8	36.0	9.1	100.0

（三）流入原因

如表 7 - 30 所示，因为拆迁而流动的人口中月食品支出组 1 的比重最高，达到了 30.7%；流入原因为出生的人口中月食品支出处在组 2 的比重超过 50%，为 51.5%；随迁组流动人口中月食品支出组 1 的比重均低于其他分组，此外，月食品支出组 3 的比重均高于其他分组；以婚嫁为流入原因的流动人口中月食品支出处在组 4 的比重则最高，达到了 9.6%。

表 7 - 30 我国不同流入原因流动人口月食品支出

单位：元，%

流入原因		月食品支出分组				合计
		1	2	3	4	
务工经商	计数	41513	72020	51968	10149	175650
	比重	23.6	41.0	29.6	5.8	100.0
随迁	计数	2451	6113	5559	1068	15191
	比重	16.1	40.2	36.6	7.0	100.0
婚嫁	计数	209	420	342	103	1074
	比重	19.5	39.1	31.8	9.6	100.0
拆迁	计数	67	74	67	10	218
	比重	30.7	33.9	30.7	4.6	100.0
投亲	计数	454	713	528	151	1846
	比重	24.6	38.6	28.6	8.2	100.0
学习	计数	330	459	317	112	1218
	比重	27.1	37.7	26.0	9.2	100.0
出生	计数	38	88	37	8	171
	比重	22.2	51.5	21.6	4.7	100.0
其他	计数	797	1219	826	146	2988
	比重	26.7	40.8	27.6	4.9	100.0

第三节　月房租支出

如表 7 - 31 所示，从样本总体来看，流动人口选择月房租组 1 的比重最高，达到了 69.0%，接着是选择月房租组 2 与组 3 的比重，而选择月房租组 4 的比重最低，仅为 3.5%。

表 7 - 31　本研究流动人口月房租支出分类

单位：人，%

名称	分组	分组编号	人数	占比
月房租支出	1 ~ 500 元	1	136947	69.0
	501 ~ 1000 元	2	36406	18.4
	1001 ~ 2000 元	3	18041	9.1
	2001 元及以上	4	6962	3.5

一　人口学特征与月房租支出

（一）性别

如表 7 - 32 所示，从不同性别不同月房租支出分组的角度分析，男性流动人口中月房租支出组 1 的比重最高，为 70.0%，组 2 与组 3 的比重次之，月房租支出组 4 的比重仅为 3.2%；女性流动人口的月房租支出在各组的比重与男性相差不大，同样为组 1 的比重最高，为 67.9%，组 2 与组 3 的比重次之，月房租支出组 4 的比重仅为 3.8%。

（二）年龄

1. 总体年龄

如表 7 - 33 所示，在 15 ~ 34 岁，随着年龄的增长，流动人口选

表 7－32　我国不同性别流动人口月房租支出状况

单位：元，%

性别		月房租支出分组				合计
		1	2	3	4	
男	计数	74557	18969	9507	3446	106479
	比重	70.0	17.8	8.9	3.2	100.0
女	计数	62390	17437	8534	3516	91877
	比重	67.9	19.0	9.3	3.8	100.0
合计	计数	136947	36406	18041	6962	198356
	比重	69.0	18.4	9.1	3.5	100.0

择月房租支出组 1 的比重会逐渐降低，相对应的是，选择组 2 与组 3 的比重会相对逐渐增加；而在 35～59 岁，随着年龄的增长，流动人口选择月房租支出组 1 的比重会逐渐升高，相对应的是，选择组 2 与组 3 的比重会逐渐降低。此外，年龄对于是否选择月房租支出组 4 的影响并无规律可循。

表 7－33　我国各年龄组流动人口月房租支出状况

单位：元，%

年龄组		月房租支出分组				合计
		1	2	3	4	
15～19 岁	计数	9110	1227	339	114	10790
	比重	84.4	11.4	3.1	1.1	100.0
20～24 岁	计数	22056	4337	1503	487	28383
	比重	77.7	15.3	5.3	1.7	100.0

续表

年龄组		月房租支出分组				合计
		1	2	3	4	
25～29岁	计数	24708	7857	4012	1545	38122
	比重	64.8	20.6	10.5	4.1	100.0
30～34岁	计数	21632	7144	4224	1825	34825
	比重	62.1	20.5	12.1	5.2	100.0
35～39岁	计数	20777	6097	3276	1234	31384
	比重	66.2	19.4	10.4	3.9	100.0
40～44岁	计数	20564	5473	2602	983	29622
	比重	69.4	18.5	8.8	3.3	100.0
45～49岁	计数	11837	2950	1402	512	16701
	比重	70.9	17.7	8.4	3.1	100.0
50～54岁	计数	4126	903	477	155	5661
	比重	72.9	16.0	8.4	2.7	100.0
55～59岁	计数	2137	418	206	107	2868
	比重	74.5	14.6	7.2	3.7	100.0

2. 是否80后

如表7－34所示，1980年以前出生的流动人口与1980年及以后出生的流动人口中月房租支出组1的比重均最高，分别为68.3%与69.8%；组2与组3的比重次之；1980年以前出生的流动人口与1980年及以后出生的流动人口中月房租支出组4的比重均最低，分别为3.7%与3.4%。

3. 是否90后

如表7－35所示，1990年及以后出生的流动人口选择月房租支出组1的比重最高，达到了82.3%，选择月房租支出组4的比重最低，仅为1.2%；而1990年以前出生的流动人口中选择月房租支出组1的比重最高，为66.9%，选择月房租支出组4的比重最低，为3.9%。此外，

1990 年以前出生的流动人口中选择月房租支出组 3 的比重相对 1990 年及以后出生的流动人口中选择月房租支出组 3 的比重更高。

表 7-34　我国不同年龄段流动人口月房租支出状况 1

单位：元，%

指标		月房租支出分组				合计
		1	2	3	4	
1980 年以前出生	计数	66158	17963	9211	3536	96868
	比重	68.3	18.5	9.5	3.7	100.0
1980 年及以后出生	计数	70789	18443	8830	3426	101488
	比重	69.8	18.2	8.7	3.4	100.0

表 7-35　我国不同年龄段流动人口月房租支出状况 2

单位：元，%

指标		月房租支出分组				合计
		1	2	3	4	
1990 年以前出生	计数	114309	32902	17003	6623	170837
	比重	66.9	19.3	10.0	3.9	100.0
1990 年及以后出生	计数	22638	3504	1038	339	27519
	比重	82.3	12.7	3.8	1.2	100.0

（三）婚姻

如表 7-36 所示，未婚流动人口与丧偶流动人口中选择月房租支出组 1 的比重较高，分别为 80.1% 与 77.6%；初婚流动人口中与再婚流动人口中选择月房租支出组 3 与组 4 的比重均高于其他分组：初婚流动人口中选择月房租支出组 3 与组 4 的比重分别为 10.5% 与 4.2%，再婚流动人口中选择月房租支出组 3 与组 4 的比重分别为 8.9% 与 4.0%；在离婚流动人口中，选择月房租支出组 1 的比重最高，组 2 与组 3 的比重次之，比重最低的是组 4。

表 7－36　我国不同婚姻状况流动人口月房租支出状况

单位：元，%

婚姻状况		月房租支出分组				合计
		1	2	3	4	
未婚	计数	34423	6203	1864	464	42954
	比重	80.1	14.4	4.3	1.1	100.0
初婚	计数	98092	29057	15709	6304	149162
	比重	65.8	19.5	10.5	4.2	100.0
再婚	计数	1682	433	215	97	2427
	比重	69.3	17.8	8.9	4.0	100.0
离婚	计数	2195	610	208	85	3098
	比重	70.9	19.7	6.7	2.7	100.0
丧偶	计数	555	103	45	12	715
	比重	77.6	14.4	6.3	1.7	100.0

（四）受教育程度

如表 7－37 所示，随着受教育程度的提高，流动人口中大致呈现选择月房租支出组 1 的比重在相对降低：未上过学的流动人口选择月房租支出组 1 的比重为 81.9%，而研究生中选择月房租支出组 1 的比重仅为 39.1%。随着受教育程度的提高，选择月房租支出组 4 的比重在逐渐升高：未上过学的流动人口选择月房租支出组 4 的比重仅为 2.0%，而研究生中选择月房租支出组 4 的比重为 23.8%。

表 7－37　我国不同受教育程度流动人口月房租支出状况

单位：元，%

受教育程度		月房租支出分组				合计
		1	2	3	4	
未上过学	计数	2695	349	179	67	3290
	比重	81.9	10.6	5.4	2.0	100.0
小学	计数	20255	3637	1661	663	26216
	比重	77.3	13.9	6.3	2.5	100.0

续表

受教育程度		月房租支出分组				合计
		1	2	3	4	
初中	计数	76424	19282	8810	3008	107524
	比重	71.1	17.9	8.2	2.8	100.0
高中	计数	19538	6782	3118	1130	30568
	比重	63.9	22.2	10.2	3.7	100.0
中专	计数	7751	2447	1218	452	11868
	比重	65.3	20.6	10.3	3.8	100.0
大学专科	计数	7013	2657	1903	785	12358
	比重	56.7	21.5	15.4	6.4	100.0
大学本科	计数	3105	1180	1066	756	6107
	比重	50.8	19.3	17.5	12.4	100.0
研究生	计数	166	72	86	101	425
	比重	39.1	16.9	20.2	23.8	100.0

（五）户口性质

如表7－38所示，农业户口流动人口选择月房租支出组1的比重与非农业户口流动人口的比重相比较高，两者分别为70.9%与58.0%；此外，农业户口流动人口选择月房租支出组4的比重（2.9%）低于非农业户口流动人口选择支出组4的比重（6.8%），这说明非农业户口流动人口可能更愿意选择价格高的房子租住。

表7－38　我国不同户口性质流动人口月房租支出状况

单位：元，%

户口性质		月房租支出分组				合计
		1	2	3	4	
农业	计数	120289	30315	14047	4999	169650
	比重	70.9	17.9	8.3	2.9	100.0
非农业	计数	16658	6091	3994	1963	28706
	比重	58.0	21.2	13.9	6.8	100.0

二　社会经济特征与月房租

（一）主要职业

如表7－39所示，农林牧渔业人员中选择月房租支出组1的比重最高，为94.0%，普通工人及杂工选择月房租支出组1的比重也高达87.1%；办公室工作人员与服务行业人员中选择月房租支出组3的比重高于其他行业；此外，其他及无业者选择月房租支出组1的比重低于农林牧渔业人员和普通工人及杂工的比重，选择月房租支出组4的比重却高于农林牧渔业人员和普通工人及杂工的比重。

表7－39　我国不同职业流动人口月房租支出状况

单位：元，%

主要职业		月房租支出分组				合计
		1	2	3	4	
农林牧渔业人员	计数	4213	174	77	18	4482
	比重	94.0	3.9	1.7	0.4	100.0
普通工人及杂工	计数	39684	4037	1452	384	45557
	比重	87.1	8.9	3.2	0.8	100.0
专业技术人员	计数	6853	1695	1097	549	10194
	比重	67.2	16.6	10.8	5.4	100.0
办公室工作人员	计数	1710	494	410	195	2809
	比重	60.9	17.6	14.6	6.9	100.0
服务行业人员	计数	61228	24996	12683	5024	103931
	比重	58.9	24.1	12.2	4.8	100.0
其他及无业者	计数	23259	5010	2322	792	31383
	比重	74.1	16.0	7.4	2.5	100.0

（二）所属行业

如表 7－40 所示，根据不同行业不同月房租支出分组的比重来看，农林牧渔业的流动人口中选择月房租支出组 1 的比重最高，为 92.9%；工业、建筑业与其他及无业流动人口也基本集中选择月房租支出组 1；而服务业的流动人口中选择月房租支出组 1 的比重低于其他行业的比重，且选择月房租支出组 2、3、4 的比重均最高。

表 7－40　我国不同行业流动人口月房租支出状况

单位：元，%

所属行业		月房租支出分组				合计
		1	2	3	4	
农林牧渔业	计数	4705	221	114	26	5066
	比重	92.9	4.4	2.3	0.5	100.0
工业	计数	32746	3224	1528	547	38045
	比重	86.1	8.5	4.0	1.4	100.0
建筑业	计数	12358	2073	816	239	15486
	比重	79.8	13.4	5.3	1.5	100.0
服务业	计数	59268	24031	12296	5015	100610
	比重	58.9	23.9	12.2	5.0	100.0
其他及无业	计数	27870	6857	3287	1135	39149
	比重	71.2	17.5	8.4	2.9	100.0

（三）就业单位

如表 7－41 所示，就职于工商个体单位的流动人口中选择月房租支出组 1 的比重最低，为 56.8%，且选择月房租支出组 2、3、4 的比重均高于其他就业单位的比重；其他单位的流动人口中选择各个月房租支出组的比重则差异不太大，均为选择月房租支出组 1 的比重最高，组 2 与组 3 的比重次之，选择月房租支出组 4 的比重最低。

表 7－41　我国不同单位性质流动人口月房租支出状况

单位：元，%

单位性质		月房租支出分组				合计
		1	2	3	4	
机关事业单位	计数	2130	552	321	109	3112
	比重	68.4	17.7	10.3	3.5	100.0
国有企业单位	计数	5761	894	563	211	7429
	比重	77.5	12.0	7.6	2.8	100.0
外资企业单位	计数	6326	917	534	316	8093
	比重	78.2	11.3	6.6	3.9	100.0
民营集体单位	计数	45909	8019	3021	1135	58084
	比重	79.0	13.8	5.2	2.0	100.0
工商个体单位	计数	44131	18891	10478	4240	77740
	比重	56.8	24.3	13.5	5.5	100.0
其他及无单位	计数	32690	7133	3124	951	43898
	比重	74.5	16.2	7.1	2.2	100.0

（四）就业身份

如表 7－42 所示，雇员与其他及无业者选择月房租支出组 1 的比重较高，分别为 79.5% 与 71.9%，同时，二者选择月房租支出组 2、3、4 的比重也均较低；而雇主选择月房租支出组 1 的比重最低，为 45.6%，同时，选择月房租支出组 2、3、4 的比重均最高；此外，家庭帮工选择月房租支出组 3、4 的比重虽低于雇主的比重，但仍高于其他就业身份的比重。

表 7－42　我国不同就业身份流动人口月房租支出状况

单位：元，%

就业身份		月房租支出分组				合计
		1.00	2.00	3.00	4.00	
雇员	计数	79753	13964	5007	1650	100374
	比重	79.5	13.9	5.0	1.6	100.0

续表

就业身份		月房租支出分组				合计
		1.00	2.00	3.00	4.00	
雇主	计数	6953	3964	2862	1480	15259
	比重	45.6	26.0	18.8	9.7	100.0
自营劳动者	计数	29946	13057	7353	2710	53066
	比重	56.4	24.6	13.9	5.1	100.0
家庭帮工	计数	2629	1257	801	416	5103
	比重	51.5	24.6	15.7	8.2	100.0
其他及无业	计数	17666	4164	2018	706	24554
	比重	71.9	17.0	8.2	2.9	100.0

（五）周工作天数

如表7－43所示，周工作天数为5天与7天的流动人口选择月房租支出组1的比重较低，分别为66.8%与63.7%，且选择月房租支出组3与组4的比重较高；而周工作天数为1天的流动人口中选择月房租支出组4的比重最低，仅为0.9%。

表7－43　我国不同工作时间流动人口月房租支出状况

单位：元，%

周工作天数		月房租支出分组				合计
		1	2	3	4	
0天	计数	17666	4164	2018	706	24554
	比重	71.9	17.0	8.2	2.9	100.0
1天	计数	80	22	7	1	110
	比重	72.7	20.0	6.4	0.9	100.0
2天	计数	241	39	23	5	308
	比重	78.2	12.7	7.5	1.6	100.0
3天	计数	773	123	50	23	969
	比重	79.8	12.7	5.2	2.4	100.0

续表

周工作天数		月房租支出分组				合计
		1	2	3	4	
4天	计数	1682	303	123	30	2138
	比重	78.7	14.2	5.8	1.4	100.0
5天	计数	17408	4672	2639	1333	26052
	比重	66.8	17.9	10.1	5.1	100.0
6天	计数	41174	8384	2951	812	53321
	比重	77.2	15.7	5.5	1.5	100.0
7天	计数	57923	18699	10230	4052	90904
	比重	63.7	20.6	11.3	4.5	100.0

三 流动特征与月房租支出

（一）流动范围

如表7－44所示，从不同流动范围来看，三者选择月房租支出组1的比重均为70%左右，选择月房租支出组2的比重均为19%左右，选择月房租支出组3的比重均为9%左右，但是跨省流动人口中选择月房租支出组4的比重最高，为4.2%，高于省内跨市流动人口的比重与市内跨县流动人口的比重3.0%与2.3%。

表7－44 我国不同流动范围流动人口月房租支出状况

单位：元，%

流动范围		月房租支出分组				合计
		1	2	3	4	
跨省流动	计数	71316	18063	9611	4371	103361
	比重	69.0	17.5	9.3	4.2	100.0
省内跨市流动	计数	38840	11214	5251	1735	57040
	比重	68.1	19.7	9.2	3.0	100.0
市内跨县流动	计数	26791	7129	3179	856	37955
	比重	70.6	18.8	8.4	2.3	100.0

（二）流入时间

如表7－45所示，从大体趋势来看，随着流入时间的增加，流动人口中选择月房租支出组1与组2的比重基本会呈现降低的趋势。例如流入时间1年左右的流动人口选择月房租支出组1的比重为73.6%，而流入时间10年及以上的流动人口选择月房租支出组1的比重较低，为68.7%；流动人口中选择月房租支出组3与组4的比重基本会逐渐增加，例如流入时间1年左右的流动人口选择月房租支出组3与组4的比重分别为7.0%与2.5%，而流入时间10年及以上的流动人口选择月房租支出组3与组4的比重均较高，分别为9.9%与4.3%。

表7－45　我国不同流入时间流动人口月房租支出状况

单位：元，%

流入时间		月房租支出分组				合计
		1	2	3	4	
1年左右	计数	42587	9731	4069	1474	57861
	比重	73.6	16.8	7.0	2.5	100.0
2～5年	计数	54910	16497	7986	2910	82303
	比重	66.7	20.0	9.7	3.5	100.0
6～9年	计数	20009	5343	3189	1369	29910
	比重	66.9	17.9	10.7	4.6	100.0
10年及以上	计数	19441	4835	2797	1209	28282
	比重	68.7	17.1	9.9	4.3	100.0

（三）流入原因

如表7－46所示，流入原因为出生的流动人口选择月房租支出组1的比重最高，达到了87.1%；以拆迁为原因流入的流动人口中选择月房租支出组2的比重较高，达到了25.7%；以学习为流入原因的流动人口中选择月房租支出组3的比重高于其他流入原因流动人口的比重；此外，以投亲为流入原因的流动人口和以学习为流入原因的流动人口中选择月房租支出组 4 的比重分别为 4.3% 与 5.1%，均高于其他分组的比重。

表 7－46　我国不同流入原因流动人口月房租支出状况

单位：元，%

流入原因		月房租支出分组				合计
		1	2	3	4	
务工经商	计数	120446	32687	16234	6283	175650
	比重	68.6	18.6	9.2	3.6	100.0
随迁	计数	10981	2572	1192	446	15191
	比重	72.3	16.9	7.8	2.9	100.0
婚嫁	计数	810	140	104	20	1074
	比重	75.4	13.0	9.7	1.9	100.0
拆迁	计数	141	56	18	3	218
	比重	64.7	25.7	8.3	1.4	100.0
投亲	计数	1379	260	128	79	1846
	比重	74.7	14.1	6.9	4.3	100.0
学习	计数	820	217	119	62	1218
	比重	67.3	17.8	9.8	5.1	100.0
出生	计数	149	15	5	2	171
	比重	87.1	8.8	2.9	1.2	100.0
其他	计数	2221	459	241	67	2988
	比重	74.3	15.4	8.1	2.2	100.0

第四节　影响家庭支出的因素分析

一　研究设计

（一）数据来源

本书采用的数据是 2013 年国家卫生和计划生育委员会的流动人

口动态监测数据，剔除缺失信息数据和无业人员的信息，最终获得173802 个有效样本。本书将以有效样本数据为基础，分别对影响我国流动人口家庭消费水平的各个因素进行深入分析。

（二）变量定义

在我国流动人口家庭消费水平的影响因素分析中，本书选择流动人口月总支出作为因变量，采用多元 Logistic 模型进行回归分析。由于本书之前把流动人口月总支出划分为 4 个等级，即 0 ~ 1000 元为低消费水平，1001 ~ 2000 元为中低消费水平，2001 ~ 3000 元为中高消费水平，3001 元及以上为高消费水平，而且这 4 个收入等级为有序、递进关系，因此本书选择有序分类的多元回归模型。本书以流动人口消费水平为因变量，以年龄和受教育程度的有序变量为协变量，以人口学特征、流动特征和社会特征三个维度中的相关因素为因子变量，分别进行多元 Logistic 回归分析，以探讨流动人口消费水平的影响因素。相关特征变量的定义如表 7 - 47 所示。

二 人口学相关因素分析结果

SPSS 分析结果显示，人口学因素对消费水平的影响均通过检验，即人口学因素对消费水平能够产生影响。从表 7 - 48 可以看出，具体来说，年龄因素的发生比为 0.905，即随着年龄的增加，流动人口消费水平提高的概率有所下降，不过下降幅度不是很大，说明年龄对消费水平的影响不是很大；受教育程度的发生比为 1.260，即受教育程度的每次提高使流动人口消费水平提高的概率增加 26.0%，说明受教育程度对消费水平的影响还是比较明显的；性别因素对消费水平的影响也不是十分明显，发生比为 1.055，即无论男性流动人口还是女性流动人口，对消费水平的提高几乎没有差别。除此之外，户口性质中农业户口因素的发生比为 0.726，即农业户口对非农业户口来说，提高流动人口消费水平的概率相对较低；由于本书选取的自变量为家庭总支出，所以对于单身和非单身流动人口来说，婚姻状况对支出的影响十分明显，非单身的流动人口消费水平高也属正常情况。

表 7－47　相关特征变量的定义

<table>
<tr><th colspan="3">变量</th><th>定义</th></tr>
<tr><td>因变量</td><td colspan="2">家庭消费水平</td><td>1 = 低消费水平,2 = 中低消费水平,3 = 中高消费水平,4 = 高消费水平</td></tr>
<tr><td rowspan="2">协变量</td><td colspan="2">年龄</td><td>15 ~ 59 岁</td></tr>
<tr><td colspan="2">受教育程度</td><td>1 = 未上过学,2 = 小学,3 = 初中,4 = 高中,5 = 中专,6 = 大学专科,7 = 大学本科,8 = 研究生</td></tr>
<tr><td rowspan="11">因子变量</td><td rowspan="3">人口学特征</td><td>性别</td><td>1 = 男,2 = 女</td></tr>
<tr><td>是否单身</td><td>1 = 单身,2 = 非单身</td></tr>
<tr><td>户口性质</td><td>1 = 农业,2 = 非农业</td></tr>
<tr><td rowspan="3">流动特征</td><td>流入区域</td><td>1 = 东北,2 = 华北,3 = 华东,4 = 华中,5 = 华南,6 = 西南,7 = 西北</td></tr>
<tr><td>流动范围</td><td>1 = 跨省流动,2 = 省内跨市流动,3 = 市内跨县流动</td></tr>
<tr><td>流入时长</td><td>1 = 1 年及以下,2 = 2 ~ 5 年,3 = 6 ~ 9 年,4 = 10 年及以上</td></tr>
<tr><td rowspan="5">社会特征</td><td>代际差异 1</td><td>0 = 1980 年前出生,1 = 1980 年及以后出生</td></tr>
<tr><td>代际差异 2</td><td>0 = 1990 年前出生,1 = 1990 年及以后出生</td></tr>
<tr><td>所属行业</td><td>1 = 农林牧渔业,2 = 工业,3 = 建筑业,4 = 服务业</td></tr>
<tr><td>职业选择</td><td>1 = 农林牧渔业人员,2 = 普通工人及杂工,3 = 专业技术人员,4 = 办公室工作人员,5 = 服务行业人员</td></tr>
<tr><td>单位性质</td><td>1 = 机关事业单位,2 = 国有企业单位,3 = 外资企业单位,4 = 民营集体单位,5 = 工商个体单位</td></tr>
</table>

表 7－48　人口学因素回归分析结果

变量		显著水平	Exp
年龄		0.000	0.905
性别（以女性人口为参照）	男	0.000	1.055
户口性质（以非农业为参照）	农业	0.000	0.726
受教育程度		0.000	1.260
是否单身（以非单身为参照）	单身	0.000	0.212

三　流动特征分析结果

流动人口的流动特征对其消费水平的提高也能产生一定的影响。如表 7－49 所示，分析结果显示，流动范围对消费水平的影响均显著，以市内跨县流动为参照，跨省流动和省内跨市流动的发生比分别为 1.187 和 1.170，即跨省流动人口和省内跨市流动人口提高消费水平的概率比市内跨县流动人口的要高，分别高出 18.7% 和 17.0%；流入区域因素中，流入其他地区提高消费水平的概率均高于西北地区，流入华东地区的流动人口消费水平提高的概率较高，是流入西北地区的 2.119 倍，流入东北、华南、华中、华北和西南地区的流动人口消费水平提高的概率分别为流入西北地区的 1.642 倍、1.430 倍、1.405 倍、1.287 倍和 1.230 倍，这与华东地区整体经济社会发展水平有关，经济社会发展水平与生活支出或生活成本呈正相关关系也符合一般规律；流入时间对流动人口提高消费水平也有一定的影响，流入时间越长，提高消费水平的概率就越低，这说明随着时间的推移，流动人口能够了解流入地的生活习惯，支出越来越接近流入地的本地居民的支出，所以提高消费水平的可能性越来越小。

表 7－49　流动特征因素回归分析结果

变量		显著水平	Exp
流动范围（以市内跨县流动为参照）	跨省流动	0.000	1.187
	省内跨市流动	0.000	1.170
流入区域（以西北为参照）	东北	0.000	1.642
	华北	0.000	1.287
	华东	0.000	2.119
	华中	0.000	1.405
	华南	0.000	1.430
	西南	0.000	1.230
流入时间（以 10 年及以上为参照）	1 年左右	0.000	0.453
	2～5 年	0.000	0.688
	6～9 年	0.000	0.902

四　社会特征分析结果

如表 7－50 所示，回归结果显示，本书所选取的社会特征对流动人口提高消费水平能够产生影响。代际差异方面与分析收入水平一样选择两种代际选择，即分别以 1980 年和 1990 年为出生界限，如果以 1980 年及以后出生的流动人口为参照，1980 年以前出生的流动人口提高消费水平的概率较高，但两者相差不是很大，仅提高了 7.2%，而相对于 1990 年及以后出生的流动人口来说，1990 年以前出生的流动人口消费水平提高的概率较大，提高了 32.8%，说明 1980～1990 年出生的流动人口是影响流动人口整体消费水平的主要群体。另外，本书主要选择就业职业、就业行业和就业单位性质为因变量，结果显示所有因素均通过检验，其中以服务业人员为参照，农林牧渔业人员和普通工人及杂工提高消费水平的概率较低，而其他职业的流动人口提高消费水平的概率均高于服务业人员，办公室工作人员和专业技术人员提高消费水平的概率分别为 43.5% 和 13.8%；在就业行业中，以服务业为参照，选择其他就业行业的流动人口提高消费水平的概率较低，但建筑业高于工业，二者均高于农林牧渔业；在就业单位性质中，以工商个体单位为参照，选择其他就业单位性质的流动人口提高消费水平的概率较低，其中国有企业单位的概率高于民营集体单位的概率，民营集体单位的概率高于外资企业单位的概率，外资企业单位的概率高于机关事业单位的概率。

表 7－50　社会经济特征因素回归分析结果

变量		显著水平	Exp
代际差异 1(以 1980 年及以后出生为参照)	1980 年以前出生	0.000	1.072
代际差异 2(以 1990 年及以后出生为参照)	1990 年以前出生	0.000	1.328
就业职业(以服务业人员为参照)	农林牧渔业人员	0.000	0.603
	普通工人及杂工	0.000	0.794
	专业技术人员	0.000	1.138
	办公室工作人员	0.000	1.435
就业行业(以服务业为参照)	农林牧渔业	0.000	0.540
	工业	0.000	0.732
	建筑业	0.000	0.860
就业单位性质(以工商个体单位为参照)	机关事业单位	0.000	0.548
	国有企业单位	0.000	0.711
	外资企业单位	0.000	0.633
	民营集体单位	0.000	0.677

第八章　中国流动人口经济融入存在的主要问题

第一节　流动人口就业的主要问题

一　流动人口没有平等的就业权

就业平等是每一位就业人员应该享有的基本权利，但在流动人口日渐增多的一些大城市中，流动人口平等就业的权利往往不受关注与重视，虽然国家倡导流动人口与普通城市市民一样，要给予每一位流动人口平等的就业权利，但在现实中，流动人口在就业方面面临诸多问题。流动人口中的大部分由农村地区流入城市地区，而很多城市地区在就业方面，存在“职业保留”“入行限制”等规定，也就是说，一些行业明确规定了外来务工的流动人员没有资格进入该行业就业，更现实地说这其实是一种职业歧视制度，这无疑剥夺了很多流动人口的就业权利。虽然中央政府早已明令清理和取缔歧视性规定，但地方政府在政策制定和实际操作中有些偏离。城市流动人口中的绝大多数是农民工，他们一般从事劳动强度较大并且收入较低的工作，但在就业选择上遇到种种关卡，显然有失公平。某些行业、工种明确规定拒招外来务工人员，只限本地户口人员，而流动人口因其身份特殊，不能享有与本地市民同等的就业机会，他们在择业与就业时，大多数只能选择城市就业人员不愿意干的工种。

由于流动人口的流动性相对较大，雇主一般来说也不愿意为其投资，增加额外成本。与城市地区就业人口相比，流动人口参加就业培训的机会较少，失业保险的参与率低，在失业期间，其享受不到失业津贴及补贴。因此，由于流动人口无法享有与城市地区人口平等的就业权利，流动人口融入城市比较艰难①。

二 流动人口在工作中的合法权益无保障

流动人口在工作中的合法权益问题一直是我国城市流动人口就业存在的主要问题，已经成为不容忽视的社会发展问题。城市流动人口为了在城市地区得到更好的生活环境，提高自己的生活质量，在把自己当作廉价劳动力的同时，还要将对方方面面的忍让迁就作为就业砝码，才能在相对不规范的劳动市场中迅速找到工作，但这为权益受损埋下了隐患。流动人口在就业过程中权益受损主要表现在以下几点。第一，工作环境极其恶劣，劳动强度大，经常加班加点，不享受法定假期等。第二，收入水平和各种福利待遇较低。城市流动人口将自己的全部都献给了城市，但城市给予了他们较低的工资和较高的生活压力。第三，长期拖欠工资现象严重。拖欠工资是流动人口在就业中面临的普遍问题，虽然拖欠的时间或长或短，但遇到这样的情况，他们只能保持沉默，得不到任何制度上的保障。第四，部分企业用工不规范，严重侵犯劳动者的权益。

签订劳动合同是保障流动人口劳动权益的最有效的途径之一。2005 年 1% 人口抽样调查表明，一半以上流动劳动力雇员没有签订劳动合同。只有签订劳动合同，劳动者在权益受到侵害的时候，才能有效地采用法律的手段保护自己。但是，在就业身份是雇员的流动劳动力中，59.77% 的雇员根本没有签订任何劳动合同，只有

① 岳红波：《流动人口的就业问题研究——以昆明市为例》，云南财经大学博士学位论文，2012，第 48 ~ 52 页。

40.23%的雇员签订了劳动合同。其中，签固定期合同的占全部流动劳动力雇员的33.53%，签长期合同的占6.70%。总的来说，劳动部门应该加强劳动市场的管理力度，督促雇主与流动劳动者之间依法签订劳动合同，这样才能使流动人口在就业过程中使自己的劳动权益得到保障[①]。

就业劳动时间过长是流动人口就业过程中的主要问题之一。《劳动法》第三十六条明确规定：国家实行劳动者每日工作时间不超过八小时、平均每周工作时间不超过四十四小时的工时制度。超过这个时间范围的话，《劳动法》也做了相应的工资发放比例的规定。尽管近年来各行业各部门加班的现象不可避免地存在，但是流动人口的就业劳动时间过长特别明显。从就业流动人口的角度来看，或许大多数流动人口是为了利用更长的劳动时间获得更多的经济报酬，但是，过长的劳动时间，不仅容易使就业者身体产生疲惫，得不到很好的休息，甚至容易患上某些职业病，而且对于就业者的心理也会产生不良的影响。缺乏休闲娱乐时间，缺少与人沟通的机会可能会间接影响就业者情绪，不仅对于工作效率有负面影响，而且对于其生活质量也会产生不良的影响。另外，尤其是对于已婚的就业者来说，长时间处于工作的状态，与家人相处与交流的时间较少不利于家庭内部的和谐发展。劳动时间的长短还能反映出社会的不公平，体现其社会地位的不平等[②]。

虽然政府的政策一直倡导良好的就业环境与秩序，但是流动人口的很多权益仍然得不到维护。比如，从劳动报酬来看，若按照《劳动法》规定，就业流动人口的劳动时间超过规定，应该得到相应的法定报酬，然而从流动人口的平均工资来看，我们可以判定，用

① 段成荣、杨舸：《改革开放30年来流动人口的就业状况变动研究》，《中国青年研究》2009年第4期，第55～56页。

② 岳红波：《流动人口的就业问题研究——以昆明市为例》，云南财经大学博士学位论文，2012，第48～52页。

人单位并没有严格按照政策法规执行，这一点就说明了流动人口的劳动报酬方面的权益受到了侵害，却没有得到相应的维护。流动人口的社会保险与福利待遇较为缺乏。例如2012年江苏省流动人口的样本中，仅33.9%的人群享有城镇职工医疗保险。这和劳动者自身对于就业权益的知识缺乏有关，用工单位也没有尽到职责。在流动人口权益受损的情况下，缺乏一个统一的机制平台为其争取应有的权益、维护其利益。

三　社会保障不健全且政府管理服务差

现行的城市社会保障制度只涉及城市户籍的人们，对于流动人口来说，却丝毫未被提及，这一定程度上不利于城市流动人口享受城市所提供的一系列服务与保障，如获得基本生活保障和社会救济，如果在工作中流动人口遭遇工伤，就只能自己负责或承担。另外，流动人口本身对社会保障认识不足，不情愿参保，所以自然不能享受社会保障的一些优惠政策。在对城市流动人口的管理中，政府的管理效率与服务质量较差，在很多地方存在歧视流动人口的现象，甚至还出现了管理人员执法侵害等有损城市形象的情况。虽然这种情况是少数，但也充分反映了一个重要问题，即政府的管理与服务质量有待进一步提升。因为现行的城镇社会救助体系只覆盖城镇户籍人口，城市流动人口（尤其是农民工）虽然从事的是与城市劳动者一样甚至风险更高的职业，但是很难享受到最低生活保障和社会救助等权益。一方面，城市流动人口很大一部分受自身收入限制，他们没有能力按城市的社会保障缴费比例进行缴费，一旦发生工伤事故，只能得到极少的补偿；另一方面，缺乏对社会保障的认识，加重了社会保障权益的缺失。城市流动人口的社会保险体系不健全、参保率较低。社会保障的缺乏增加了这一群体的生活风险尤其是未来风险。

城市流动人口基本享受不到城市政府提供的公共服务。如居住条件比较恶劣，生活质量低下；子女义务教育困难；未被完全纳入城市计划生育服务体系，公共卫生服务不到位。目前城市的计划生育工作，主要针对本地城镇居民。城市流动人口计划生育工作，一直是一个难点和盲区。即便是在流动人口服务工作比较好的上海市，2004 年外来儿童的免疫接种率也只有 65%，而当地户籍儿童的接种率已为 99% 以上[①]。《中国流动人口发展报告 2011》显示，我国 52.0% 的就业流动人口未参加任何社会保险，特别是在工伤风险较高的采掘业、制造业和建筑业中，参加工伤保险的比例分别为 58.4%、48.9%、25.1%。另据调查资料统计，流动人口参加社会保险的比例仅为 41.9%，大多数都没有参加社会保险，或仅参加社会保险中的一种，参保率非常低。深度访谈才知道，原来好多外来人口根本不了解社会保险，企业也不怎么重视社会保险，流动人口的维权意识还有待增强。与城镇职工相比，农民工各个险种的参保率都较低（生育保险、失业保险的参保率更低）。大多数流动人口的工作都是靠亲戚、朋友、老乡介绍或是自己找的，通过政府中介机构和劳动部门组织的流动现象较少。由此可见，社会网络理论在劳动力流动方面确实发挥了巨大的作用，但流动人口的盲目流动也确实造成了城市劳动力市场混乱、生态环境遭到破坏、交通阻塞、违法犯罪事件频繁发生等，这给城市管理带来了难度。流动人口在为城市建设献出自己的力量的同时，也为城市增加了额外负担。目前，随着城市建设的加速，流动人口也必然增多，如何使流动人口有序、合理地流动，是摆在各级政府面前的难题；流入地和流出地政府部门如何有效协调、沟通，使供给的人才与需求的人才相匹配，更好地适应城市产业结构调整的需要；如何拓展就业领域，使流动人口都能实现充分就业，减少盲目流动、无组织流动，对城市建设、资

---

① 杜丽江：《我国城市流动人口就业问题及其管理》，《四川行政学院学报》2008 年第 1 期，第 95 ~ 99 页。

源环境等方面都具有重要的意义，因此更应大力倡导有组织的流动。政府作为市场调控主体，理应重视和改变现状，建立并完善正规的就业渠道，以避免盲目流动带来的不利影响①。

流动人口在寻找工作的过程中，付出的成本也很大。很多人通过家庭亲戚、同乡同学等熟人关系找到工作，只有很少一部分的流动人口通过政府等相关部门找到工作，政府未能提供官方的多元化的就业信息渠道，或是对流动人口的就业匹配识别能力不强，即没有给流动人口提供有实际参考价值的就业信息。并且政府获得的流动人口就业信息主要源于政府设立的就业服务机构或街道居委会的线下信息，依靠这种方式传递信息效率低。虽然流动人口的就业培训问题已得到了各级政府的重视，但在具体操作上还存在诸多问题。首先，针对流动人口就业方面的培训较少，多是计划生育、子女教育方面的培训。其次，培训层次单一，大多只限于最初级的技能培训，早已掌握此技能的流动人口不愿意去参加培训。再次，没有进行市场调查，对流动人口迫切需要培训的知识技能不了解，与市场需求脱节的现象较严重，培训效果不佳。最后，就流动人口个人而言，培训目的不明确、培训态度不端正、培训观念不强烈，使得流动人口在培训问题上抱有质疑，盲目跟风的现象严重。由此可见，就业培训存在问题的原因，不只在于政府方面，流动人口的个人因素也是主要方面②。

四　就业行业与职业集中且单一

2012 年全国流动人口动态监测数据中江苏省的数据显示，2012 年江苏省流动人口就业行业主要集中在制造业、批发零售业与餐饮

① 杜丽江：《我国城市流动人口就业问题及其管理》，《四川行政学院学报》2008 年第 1 期，第 95 ~ 99 页。

② 岳红波：《流动人口的就业问题研究——以昆明市为例》，云南财经大学博士学位论文，2012，第 48 ~ 52 页。

住宿业，在技术含量较高的行业中就业的流动人口较少。就业主要集中在生产、其他商业服务和专业技术行业，像公务员，办事人员和国家机关、党群组织、企事业单位负责人等很少。研究成果表明，流动人口的就业行业与职业分布集中且单一，这一论点在江苏省流动人口的就业中同样得到体现。这不仅涉及就业者自身的知识结构、就业能力等，还关系到社会环境、政府政策等方面带来的影响①。2012 年吉林省流动人口动态监测调查数据显示：大多数的流动人口集中在第三产业，以批发零售业、住宿餐饮业、社会服务业、交通运输业、仓储通信业为主。行业的分布受年龄的影响最为显著；以农民工为主的流动人口在城镇中就业职业层次较低，经商、商贩和其他商业、服务业人员比重较高②。

第二节　流动人口收入方面存在的问题

一　流动人口人力资本存量低

大规模的流动人口为我国的社会经济发展做出了巨大的贡献，同时，流动人口在流入地的生存发展状况也是一个不容忽视的问题。其中，流动人口的收入状况是反映流动人口生存状况的一个重要的方面。流动人口与流入地的居民相比，收入偏低，同时又无法享有与本地居民同等的福利待遇，这使得流动人口在流入地的生活水平无法得到实质性的提高。虽然当前流动人口的整体素质在逐渐提高，但是与城镇职工相比，大多数流动人口自身的人力资本存量仍然较低，最直接的表现就是流动人口所从事行业的集中性和职业分布的

① 陈双德：《流动人口的就业状况及其影响因素分析——基于 2012 年江苏省流动人口动态监测数据结果》，南京大学博士学位论文，2013，第 69 ~ 72 页。

② 谢慧言：《吉林省流动人口就业及其影响因素分析》，吉林大学博士学位论文，2015，第 69 ~ 72 页。

低端性，从流动人口行业分布来看，他们较多地集中在制造业、建筑业和社会服务业。同时，流动人口所从事的职业类型也较为低端。流动人口的劳动强度较大，劳动收入较低，由于流动人口较多在劳动密集型行业中就业，从而决定了他们要投入更多的劳动以换来一定的收入。这些现实状况说明我国劳动力市场发育不完善，劳动力市场的分割和排斥问题仍然存在，流动人口只能依靠年轻力壮、数量大作为在城镇就业的竞争筹码。就业与收入是流动人口在城市生存的基本条件之一，然而流动人口的收入低下，同工不同酬，与城市居民存在较大的差距。教育对城镇居民和流动人口的收入差异的贡献基本随着收入排序的提高而上升，而且这一趋势在工资收入的条件分布的高端更为明显。流动人口的收入地位在很大程度上是由教育、工作技能等获得性因素决定的，现实中流动人口受教育程度普遍较低，经过的技能性职业培训也较少，难以从事对技术能力要求较高的高薪工作[①]。

二　户籍制度限制流动人口发展

在我国，户籍制度自 1958 年《中华人民共和国户口登记条例》实施以来已经存在超过半个世纪，户籍制度是一项与资源配置和利益分配密切相关的制度，在当下中国现实中，户籍制度除了执行登记和管理人口的职能外，还与能够享受到的福利密切相关。户籍制度形塑了二元劳动力市场，对外来人口的就业机会、就业待遇以及就业保障的排斥与歧视导致外来劳动力通常从事最底层、最低级的工作，很难有机会进入较高层级的工作岗位。入职上的歧视致使许多高人力资本的外来人口“却获得了要求比自己人力资本更低的工作职位”，造成外来人口工资收入显著低于本地市民。大量调查研究

① 叶淑萍：《吉林省流动人口收入状况及影响因素分析》，吉林大学博士学位论文，2015，第 12～13 页。

表明，劳动者在就业机会、工资报酬、劳动权益保障等方面存在十分显著的户籍差异，户籍制度仍是现阶段我国劳动者实现平等就业的制度障碍，户籍原因所造成的工资不平等问题对于低工资收入人群来说尤其严重。随着市场化进程的推进，户籍制度的弊端也越来越明显，不仅限制流动人口中的高端人才融入城市社会，影响这些人的收入，还限制了城市对优秀人才的吸纳，妨碍了他们通过流动获得更为匹配的工作，从而限制了他们改善生活处境的可能性。在大量农村剩余劳动力进入城市这一过程中，由于户籍身份的不同，农村流动人口在城市劳动力市场上受到了歧视，这些歧视一方面导致城市劳动力市场的低效率，另一方面也扩大了城市劳动力市场上城镇居民和民工之间的收入差距。户籍制度曾经是我国劳动力流动的巨大障碍，目前从全国的情况来看，户籍制度改革的步子越迈越大，很多省份或地区取消了对流入城镇落户指标的限制，实行一种差异化且循序渐进的户籍开放政策。户籍制度改革是我国城镇化的关键，国家明确提出了各类城市具体的城镇化路径，全面放开小城镇和小城市落户限制，有序放开中等城市落户限制，逐步放宽大城市落户条件，合理设定特大城市落户条件，逐步把符合条件的农业转移人口转为城镇居民①。

三　流动人口在劳动力市场中受到歧视

流动人口在城市的就业中处于弱势地位，在社会地位和劳动权益方面都会遭遇到不平等的待遇，加班、不签正规合同、工资水平达不到国家规定的最低标准、克扣和拖欠工资等现象普遍存在。流动人口在流入地作为外来人员难以受到公平公正的对待，工资水平也普遍较低，并且难以切实维护自身的权益，另外按照流动就

---

① 魏万青：《户籍制度改革对流动人口收入的影响研究》，《社会学研究》2012 年第 1 期，第 152～156 页。

业人口签订劳动合同的现状不难发现，流动就业人口的劳动保障情况不够理想，仍有一部分的用工单位未与流动就业人口签订劳动合同，主要集中在个体工商户和私营企业。另外，性别歧视造成的工资不平等及矛盾主要集中在低工资水平的就业者，而就中高收入的流动就业人口而言，尽管收入越高性别工资差距越大，但都与个人特征相关。由于人力资源禀赋差异、社会观念偏见和性别歧视等现象的存在，女性就业者工资普遍低于男性成为不争的事实，作为双重弱势群体的女性流动人口所面临的工资性别差异问题更为严重[①]。

四　工会组织发展较缓且不完善

工会组织代表职工的利益，依法维护职工的合法权益，维护职工合法权益是工会的基本职责。工会组织切实发挥作用，能够保护、调动广大职工的积极性。当前一些企业无视职工的劳动条件与安全，随意延长劳动时间、克扣职工工资、不提供劳动安全保护，甚至限制职工人身自由，严重侵犯了职工的合法权益，以致引发恶性安全事故和职工群体性事件，影响社会稳定。对此，工会有责任及时反映情况，并代表职工与企业就维护职工劳动权益的问题进行交涉，督促企业予以纠正，避免矛盾进一步激化，维护改革发展稳定的大局。《中华人民共和国工会法》规定，企业、事业单位违反劳动法律、法规规定有下列侵犯职工劳动权益情形，工会应当代表职工与企业、事业单位交涉，要求企业、事业单位采取措施予以纠正；企业、事业单位应当予以研究处理，并向工会做出答复；企业、事业单位拒不改正的，工会可以请求当地人民政府依法做出处理[②]。因此，通过工会组织保护自身权益能够成为流动人口维护自身权益的

① 郭欣欣：《流动人口就业与收入社会保护现状及其影响机制分析——以福州市为例》，福建师范大学博士学位论文，2010，第29～32页。

② 张士诚：《工会法修改中的几个主要问题》，《中国人大》2002年第2期，第17～20页。

有效途径和主要方式之一，但在现实中存在大量尚未加入工会组织的流动人口，他们在就业和收入方面得到的保护的程度较低，并且总体上来说，工会在我国尚未发展成熟，尤其是流动人口在城镇企业中的就业和收入的保护作用还没有被充分发挥出来，并且还存在很多没有成立工会组织的企业。流动人口在城市中的流动性依然较强，而且他们的劳动合同签订率较低，在城镇的劳动关系十分不稳固，这在一定程度上加剧了流动人口就业的无保障状态，影响着他们收入的合理化。从流动人口自身来讲，他们对自己在城镇的经济水平有一个较清晰的认识，大部分流动人口认为自己在城镇的经济水平较低。总的来说，与城镇职工相比，流动人口被排除在城镇的主流劳动力市场之外，在劳动市场中处于弱势地位[①]。

---

① 黄绯：《关于上海流动就业人口收入影响因素的实证研究》，复旦大学博士学位论文，2012，第5~8页。

第九章　对策建议

第一节　促进我国流动人口就业的对策建议

一　继续推进户籍制度改革

由于我国二元经济结构和户籍制度衍生了一系列对流动人口的歧视现象，例如劳动力市场、社会保障以及教育培训等方面的歧视，这些针对农村劳动力迁移城市的准入制度以及城市生活和工作方面的歧视严重地阻碍了农村剩余劳动力的流动和就业。随着经济发展，农村人口城市化是一个必然趋势，传统的户籍制度已不适应新的形势，如何彻底打破农业户口与非农业户口的身份限制，使农村劳动力成为在城市有合法固定住所、稳定的职业或生活来源的人员是我国新型城镇化建设过程中面临的现实问题。流动人口根据本人意愿办理城镇户口，尽快改变流动人口身份转换滞后于职业转换的现状，逐步实行统一居民身份的一元户籍制度，并且在政策上保障流动人口与本地居民在公民待遇上具有一致性。户籍制度改革的突破、人口流动顺畅的关键是打破附在“户口”上的制度性福利，当“户口”真正只代表出生地信息时，城市居民对流动人口的歧视将消失，人口流动将更加顺畅，资源配置也将更加合理。根据成本—收益理论，许多地方政府不愿改革户籍制度，害怕流动人口的涌入是因为其面临巨大的成本支出，这种成本可能是公共设施建设、义务教育支出和防止犯罪等。如果中央政府能够分摊已经分给地方政府的部分成本，如加大对流动人口在城市义务教育支出、社会保障支出等方面的投资，户籍制度改革将大大加快，人口流动将更加顺畅，流动人口就业的阻碍就会越来越小。

通过改革户籍制度为流动人口争取权利。户籍歧视造成的各种不公正就业待遇导致流动人口的合法就业权益得不到保障，因此，要改革户籍制度，剔除那些附着在户籍上的一些社会保障和公共服务，为流动人口营造公平公正的合法就业环境。要将流动人口纳入政府户籍管理的范围，逐渐消除城乡户籍差别，废除现行的对外来户籍人口在工作、社保以及公共服务方面的限制。应当稳妥地、逐步地推进户籍制度改革，目前受户籍制度影响最大的群体是那些素质较高的流动人口，他们也是融入城市社会愿望最强烈的群体，优先使这部分人在城市中落户，为他们的发展扫清户籍障碍，不但符合这部分流动人口的利益，还能促进城市社会的发展，提升城市竞争力。与此同时，户籍制度改革对于城市低端劳动者来说也是有利的。户籍不仅限制了农村人口向城市流动，还限制了城市居民的流动性，限制了他们寻找更匹配工作的可能性。户籍制度改革意味着给予了城市居民中的一些群体通过工作流动寻求更匹配的工作的可能性。从这个意义上来说，户籍制度改革的影响是多方面的，解放的不仅仅是户籍对农村人口向城市的流动，同时还有城市人口的流动性。具体来讲，首先，可以建立城乡一体的劳动力流通机制，使更多流动人口有更广阔的就业平台，要严格实行《中华人民共和国劳动法》，确保流动人口就业权利。其次，在招聘方面要施行“无户籍限制”的招聘。这样的招聘制度有利于建立公平、公正、任人唯贤的良好用人习惯，推动社会进步。最后，在企业招工时，政府应减少干涉。企业可依据相关条文对人才择优录取，消除户籍等其他限制，做到公正、合法、科学。

二 提供就业技能培训

流动人口这一群体对职业培训与教育的需求较大，为他们提供职业教育和技能培训能够提高其就业能力，其必要性主要在于两个方面：一是因为青年人接受新事物的能力强、好奇心重；二是因为他们自身也感到了工作技能和经验的缺乏。提高流动人口就业技能的培训，应该从以下几个方面入手。首先，要加大农村中小学教育、职业教育、成人教育。城市流动人口主要来自农村，流动人口素质问题成为摆在其就业问题前的首要问题，因此，要确保中小学教育、职业教育、成人教育协调发展，为农村人口进城工作奠定坚实基础。其次，人口流出地和流入地都应积极主动地为流动人口提供系统的教育培训机会。就流出地而言，主要是做好前期教育工作，并为工作者提供有效的就业机会。流入地要及时分析劳务市场需求，针对社会发展需要，为流动人口提供有针对性的专门培训，增强其技能，拓宽劳动力的就业渠道。针对作为农村剩余劳动力的青年人的职业培训与教育可以在农村与城市同时开展，在农村进行的职业培训与教育可以包括现代农业技术，也可以包括针对将来劳务输出的各种培训。这种做法一方面可以在一定程度上减少流入城市中的农村剩余劳动力数量，改善在城市中的农村剩余劳动力供过于求的现状，从而改变流动人口在劳资关系中的被动状态；另一方面也确保了输出劳动力的质量，有助于他们将来在城市中寻找工作。城市政府应该对已经流入的流动人口特别是其中的青年人进行与产业升级和发展相适应的职业培训与教育，因为青年流动人口将是支撑城市产业结构升级的生力军。最后，增强继续教育和职业培训服务，促进流动人口人力资本积累。当前流动人口尤其是农民工集中于社会结构和职业结构的底层，缺乏向上流动所需的社会资本与人力资本。流动人口持续增加与阶层固化并发将导致两极分化，城市被割裂为两个分离的社会，由此引发社会矛盾，不融洽的社会关系则成为抵制流动人口市民化的社会基础。流动人口群体的固化也将抑制城市经济结构，使流动人口增加无法转变为城市内涵式、可持续增长的动力。确保人口流动与城市经济结构、社会结构转变相协调，关键在于建立终身教育与职业培训体系建设，促进流动人口的人力资本积累。为此，要加大政府投入和补贴力度，引导社会资本投入，构建由公办、民办和非政府组织等各类培训机构共同组成的培训主体，着力提高企业和流动人口参与培训的积极性。文化素质在很大程度上决定了流动人口在进入流入地之后的就业层次，而工作之后的职业技能培训则决定了就业者在就业层次上得到提高，进而提高他们在城镇的定居能力。由于农村人口在流入城市之前所受正规教育比较少，所以提高农村教育质量，加大政府和劳动部门对流动人口职业技能培训的投入势在必行。政府应设立专门的流动人口技能培训机构，对流动人口进行劳动分类培训，按照不同技能水平要求，组织开展适合当地经济发展要求的职业技能培训。加强对各类培训机构的资格认证和管理，规范培训市场，对培训机构进行综合评定。提高流动人口就业能力，是对人力资本投资的强化。城市流动人口就业能力的提升有利于其更好地融入社会生活，发挥自身价值，也更有利于增强其就业权益保障。

三 完善相关政策和制度

为提高流动人口就业的稳定性，增加流动人口就业机会，改善流动人口生存状况，国家和用人单位应为流动人口提供以提升服务质量和技能为核心的就业服务保障。完善流动人口的相关就业政策，为他们建立保障制度，同时提供更多的就业渠道以增加就业机会。注重消除社会排斥和改革劳动保护体制，维护流动人口的合法权益。例如在提高流动人口素质、增强流动人口竞争力的同时，也应加大力度给流动人口提供住房保障。由于目前租住私房仍是流动人口的主要住房形式，政府应在加快建设公租房等的前提下，对目前社会上的出租房进行统一管理和监督，严格按照国家规定的出租住房标准执行，对条件较差的出租房予以取缔，以便于给流动人口提供更好的居住条件，吸引流动人口在流入地长期发展。在我国，长期以来流动人口住房需求主要依赖市场途径来满足，在缺乏能力和长远预期的情况下，流动人口的住房往往又主要依靠租赁来解决，并且大部分流动人口的住房质量与条件较差。当前，城市中依然存在很多收入不高、功能必不可少的职业，从事这些职业的往往又主要是流动人口。因此，保障包括流动人口在内的全体居民的基本住房需求不仅是地方政府的重要职责，还是确保城市功能正常运转、维护城市经济社会稳定、提高城镇化水平的客观需要。为解决流动人口居住问题：第一，应发挥政府主导作用，根据流动人口流动（迁移）意愿、收入水平、在流入地居住时间长短的差异，建立多形式、多渠道、多层次的住房保障体系，政府着重加强公租房、廉租房建设，廉租房主要针对的是最低收入家庭，公租房主要针对的是中低收入家庭和“夹心层”，政府应规范进入和退出机制，为刚进入城市的低收入流动人口提供缓冲期，为长期居住在城市的具有稳定就业的流动人口提供居住兜底保障；第二，鼓励和支持用工单位提供标准化的集体宿舍；第三，对于低收入者聚集的城乡接合部棚户区、城中村，则应当加快改造步伐，保障基本的水、电、公共卫生、公共安全等服务；第四，降低流动人口进入中小城市住房保障体系的门槛，鼓励符合条件的流动人口落户，并纳入本地城镇住房保障体系。

城市当中的流动人口通常都被视为弱势群体，在经济收入、社会地位、劳动权益等方面都处于弱势境地。由于受教育程度低而且没有工作技能和工作经验，青年流动人口更处于弱势地位。加快完善相关的制度法规是解决这些问题的必要举措。如前文所述，在就业方面存在的主要问题有就业权不平等、合法权益受到侵害、社会保障缺乏、流动人口管理人员在执法过程中有不规范行为以及管理粗暴等问题。随着市场化改革的逐步推进以及建设和谐社会的理念逐步深入人心，就业权不平等问题将逐渐消失。因此，今后制度、法规的制定应着眼于保护劳动者休息休假权、保障最低工资标准、进一步完善社会保障体系等方面。青年流动人口由于学历低且缺少工作经验与社会经验，在就业中更容易受到歧视，因而有必要在今后制定相关制度与法规时注意维护他们的劳动就业权益。完善流动人口就业的相关政策，减少对流动人口的歧视，因为流动人口在城市就业中处于弱势地位，在社会地位和劳动权益方面都会遭遇到不平等的待遇，加班、不签正规合同、工资水平达不到国家规定的最低标准、克扣和拖欠工资等现象普遍存在。

加大政府部门的监管力度，确保流动人口的合法权益。加大对劳动市场的监管，特别是对劳动市场运行秩序的监管，确保流动人口在就业中的合法权益不受侵害也是解决当前城市流动人口就业问题的有效途径。随着劳务市场的兴盛，很多劳务市场工作人员对外来流动人口收取各种就业费用，加大了就业者的就业压力，对于不规范的劳务市场行为，必须强化规范。首先，国家要尽快清除各种有关流动人口就业歧视、就业限制的政策，扫除城市流动人员就业障碍。其次，建立专门针对流动人口的权益保护制度，并不断创新。权益保护制度的建立、完善和创新将为流动人口提供更多保护。再次，发挥工会组织的优势。一旦发生劳资问题，应懂得通过工会来协调、沟通，并加以顺利解决。最后，允许志愿者组织、各种非营利组织等参与流动人口权益保障事业，推动其健康、蓬勃发展。

四　加强劳动力市场建设

加强城镇内部劳动力市场建设，依托市场促进流动人口就业，切实改善就业环境。统筹构建城乡一体化的劳动力市场，依托劳动力市场促进农村剩余劳动力在城镇的就业。建设公平、公正的劳动力市场是解决流动人口就业问题的根本所在。通过市场机制，加快建设城乡一体化的人力资源市场。在劳动力市场中，消除一切阻碍流动人口就业的壁垒，实施本地人口与流动人口统一的规则，进而使农村剩余劳动力在城乡劳动市场自由流动。城市居民、政府对流动人口的抵制有很大一部分是通过对流动人口在劳动市场的歧视来实现的。据相关统计，流动人口和城市居民工资差异的80%是由于劳动市场歧视造成的，只有20%是由于人力资本差异造成的。劳动市场的歧视问题极大地抑制了人口流动的积极性，完善的劳动市场将大大减少并消除歧视，其中前文提到的户籍制度改革正是前提，唯有如此才能促进劳动市场的完善。流动人口就业问题是要解决保护流动人口在就业过程中的合法权益，消除在就业方面的不合理限制，给予其应有的待遇等问题，唯有妥善解决好流动人口就业权益保障缺失问题，使他们真正成为融入城市社会的城市居民，才能实现城乡统筹协调发展，完成全面建设小康社会的伟大任务，真正构建全体人民各尽所能、各得其所而又和谐相处的和谐社会。

劳动力市场上存在严重的信息不对称，这极大地增加了城市居民和流动人口的信息成本。强化政府的公共服务功能，改善就业环境十分重要。城乡分割的二元就业体制阻碍了流动人口就业平台的拓展，不利于城乡就业一体化发展，应当加以完善。因此，要加大就业体制改革，改变对劳动力就业的各种不公平、不平等的现象，对城乡劳动力实施统一管理，为外来人口提供统一的就业设施与环境。总之，政府要强化公共服务功能，改善流动人口的就业环境。例如，政府相关部门应建立针对流动人口的城市就业信息网，该网站的建立有利于充分发挥网络信息作用，为流动人口提供精准的就业信息，改善就业信息不对称的情况；建立规范的流动人口劳务市场，各级政府要完善用人单位的各种行为，一旦用人单位出现拖欠工资、违反劳动合同等行为，政府要进行警告，提醒其改正；加强城市相关设施的建设，如住宅设施、教育设施、资源设施、环境设施等。

五　促进流动人口社会融合

社会融合是流动人口市民化真正的挑战所在，其中既包括居民身份获得与居民权益的延伸，也包括流动人口从地缘、血缘为主的社会关系向城市社会关系的转变，还包括流动人口自我认同与原有城市居民对流动人口的认同。流动人口在社会阶层结构中向上流动，以及流动人口与本地人口在公共服务均等化过程中的潜在利益冲突，都将加大社会融合的难度。没有充分的社会融合，流动人口即使获得了居民身份，城市社会也仍可能是分化的二元社会。当前，流动人口社会交往的局限性就凸显了社会融合进程中社会关系转变的落后。发挥社会管理体制在促进流动人口社会融合方面的作用，一是继续消除制度障碍与不公；二是加快建立以社区为依托的新型社会管理体制机制，强化社区作为城市社会管理基本单元的功能，完善社区服务设施，丰富社区服务内容，增强流动人口的归属感；三是充分发挥社会团体与群众组织在覆盖流动人口、促进社会参与中的作用，鼓励流动人口参加公益性、互助性社会组织，逐步建立由流动人口共同参与的社会治理机制和模式。针对流动人口由于工作时间较长导致的压力问题以及缺少交流导致的孤独感等现象，应加强对流动人口定期的心理疏导，加强流动人口与当地居民的交流，增加其社会融合度。流动人口的就业隔离与社会隔离是相互关联的，由于社会经验不足，他们来到大城市以后直接面临如何处理好与雇主、房东以及同事之间关系等复杂问题，这些都是在流出地区没有遇到过的。但是流动人口具有可塑性强的特点，只要相关部门在政策、行动方面加以正确引导，他们就一定能够更快地适应城市生活。目前在促进流动人口社会融合方面可以采取这样的措施：在思想层面上，城市管理部门和市民要从内心承认流动人口为城市发展所做出的巨大贡献。特别是当代的青年流动人口来到城市，对就业和未来发展抱有美好的愿望，但他们的处世经验不足，如果城市人口对他们一味地贬低和排斥、相关城市管理部门的管理行为不恰当，就很容易引起他们的反感，甚至会导致其走上犯罪的道路。同时，城市管理部门以及社区、街道可以多组织流动人口参加原来只针对本市居民的一些活动，多帮助解决他们在就业以及适应城市生活过程中遇到的困难。这些都可以增加青年流动人口跟本地居民的接触机会，扩大他们的社交网络。流入城市应不断完善与创新流动人口子女教育政策、培训制度等，使流动人口真正融入这个城市。

第二节　如何提高流动人口收入方面的对策建议

一　提高流动人口受教育程度，积累人力资本存量

针对教育对收入发挥积极作用这样一个普遍规律，政府应继续坚持教育强国的理念，流动人口自身也要有提高受教育程度的意识。超过一半流动就业人口仅受过初等教育，而城市人口基本上都受过中等以上的教育，这是造成流动就业人口收入普遍较低的最主要原因。要想改变这种现状，提高流动人口的受教育程度是关键。另外，有研究表明同样受过中等教育的流动就业人口中，中专学历的流动人口的收入高于高中学历流动人口的收入，这说明具有一定专业技能的劳动者的收入相对较高。因此，教育是降低流动人口与当地市民收入差距的重要因素。加强农村地区的教育、提高流动人口的素质，还能增强其职业适应性。从长远来看，发展农村教育，改善教育服务的数量和质量，对缩小工资收入差距至关重要。对流动人口就业及收入情况的分析指出，对流动人口就业及收入水平影响较大的两个人力资本变量是受教育程度和是否参加过职业技能培训。随着受教育程度的提高，流动就业人口能实现经济收入和生活质量的根本改善。与受教育程度低或没

有参加过职业技能培训的流动人口相比，高学历者和接受过职业培训者更容易到高层次工作岗位工作并获得较高收入。应加强农村基础教育，提高农村就业流动人口教育水平，改革不合理的教育体制，合理优化城乡教育资源配置，推进城乡教育均衡发展，实行优质教育逐步向农村倾斜的制度，加大对中西部经济落后地区支教援助力度，有效遏制教育优质资源城市过度化的不公平现象，例如对于教育部门，除了保证重点高校向中西部贫困地区的招生名额计划以外，还要扩大高职（高专）院校对农村贫困地区的招生规模，以促进这些地区人力资本快速增长。

同时，切实把农村就业流动人口当作可开发的人力资源，建立农村就业流动人口的培训制度，创造条件为农村就业流动人口进行各种市场需要而实用的技能培训、岗前培训、创业培训等各种形式的人力资源开发培训，以提高他们的创业、就业能力和水平，并且增加他们的务工收入。职业技能培训是十分必要的，社会各界应多创造这方面的培训条件，提高劳动和政府部门对农村劳动力专业培训的投入，针对不同的就业人员、流动劳动力的不同就业需求开展免费的职业技能、创业和农村实用技术等不同类型、不同层次、不同内容的培训，健全多层次的就业培训体系。因为文化素质在很大程度上决定了他们在进入流入地之后的就业层次，而工作之后的职业技能培训则决定了就业者能否在就业层次上得到提高，进而提高他们在城镇的定居能力。由于农村人口在流入城市之前所受正规教育比较少，所以一方面提高农村教育质量，加大政府和劳动部门对流动人口职业技能培训的投入势在必行，另一方面政府应设立专门的流动人口技能培训机构，对流动人口进行劳动分类培训，例如组织开展适合当地经济发展要求的职业技能培训等。应加强对各类培训机构的资格认证和管理，规范培训市场，对培训机构进行综合评定，也要加强相关知识普及，从而有利于流动人口获得更加公平的待遇，提高其收入水平。

二 改善流动人口的收入保障制度

流动人口在城市的就业处于弱势地位，劳动合同的有无、长短对流动人口的收入水平具有重要的作用，根据流动就业人口签订劳动合同的现状发现，流动人口就业的劳动保障情况不够理想，仍有很大一部分流动人口在就业过程中未签订劳动合同，主要集中在个体工商户和私营企业。对于违反《中华人民共和国劳动合同法》，不签订劳动合同的用工现象，政府部门应加强查处，切实保障流动就业人口的劳动合法权益，要依法惩处、纠正对流动就业人口合法权益的种种侵害行为，让就业流动人口劳有所得、居有所安、老有所养、子有所教，使他们真正幸福、美满地融入奉献了汗水、智慧和心血的城市。为外来务工人员工资支付建立保障制度，严格执行规定，规范用人单位工资支付行为，确保外来务工人员的工资能够被按时、足额发放。建立工资保证金制度和工资支付监控制度是保障流动人口收入的有效途径之一。对于外来务工人员相对集中的用人单位和建筑施工企业要进行重点监控，对发生过严重拖欠农民工工资的企事业单位实行工资保证金制度。对有拖欠外来务工人员工资行为的用人单位进行处罚，情节严重的没收其施工许可证或营业许可证，并对用工单位负责人进行法律制裁。流动就业人口合同签订率较低在很大程度上加剧了流动人口就业的不稳定性，使他们在就业过程中的就业权利得不到有效的保护，进而使劳动收入得不到有效的保障。因此，在政府建立和完善的劳动合同制度的同时，用工单位应规范其用工制度，积极主动地与流动人口签订劳动合同，保障双方的权益。在规范其用工制度的同时，用工单位还应严格地执行劳动合同法，以合同双方协议的条件为准，保障流动人口的就业权利并给予他们应得的劳动报酬。同时，行业内部应建立配套的、系统的流动人口就业监管网络用以监督其劳动合同的签订情况和执行情况，重点监督流动就业人口的工作时间、工作强度以及是否获得合理收入等方面的规范程度。此外，用工单位还应向流动人口宣传劳动合同的重要性和相关的法律知识，鼓励流动人口积极主动地去签订劳动合同，增强他们自身的劳动保障意识。

三　减少群体间歧视，保障合法收入

应对流动人口工资的管理进行加强和规范。最低工资制度要按照国家的规定严格执行，实行小时最低工资标准，向流动人口支付的工资不得低于最低工资标准。用人单位不能以任何理由拒绝执行最低工资标准制度，不得以任何理由降低外来务工者工资。对于国家关于休息休假的相关规定要严格执行。在休息日和法定假日需安排流动人口加班的，要按法律规定支付加班费。要避免外来务工人员和本地就业人口同工不同酬的现象，不得对其进行歧视、压榨。企事业单位在经济增长环境下应适时、合理提高外来务工者工资。处于收入分布低端的流动人口通常是城镇劳动市场的歧视对象。因此，取消职业和行业的进入限制，摒弃有意或无意的歧视性政策，能够提高这部分流动人口的工资收入水平。而对处于收入条件分布高端的流动人口来说，他们在城镇劳动力市场上得到了较为合理的待遇。但与低收入流动人口一样，他们也在获取城镇公共服务、城镇户口、子女受教育权利等方面受到了不公平的对待。政府应采取政策措施减少歧视、增加劳动力市场的公平有序竞争，提供劳务输出产业的服务，提供咨询、就业信息，积极整合社会和各部门力量，建立多渠道的就业信息服务体系，改善流动人口在城市的就业状况。找工作的途径反映着一个人的能力和资源，不依靠社会资本，即通过互联网、企业招聘会找到工作的，要比依靠社会资本，即通过家人亲戚，同乡同学找到工作的收入高，这意味着能力比资源更重要。但这并不表示社会资本不重要，通过社会资源找到工作依然是多数流动人口就业的基本途径。另外需要注意的是，通常只有少数的流动人口通过政府相关部门找到工作，这意味着政府未能提供多元化

的就业信息渠道，或是对流动人口的就业匹配识别能力不强，即没有给流动人口提供有实际参考价值的就业信息。因为政府对流动人口就业信息的提供主要依靠政府设立的就业服务机构或是由街道居委会的线下信息提供，依靠这种方式传递信息效率并不高，所以也建议政府加大针对流动人口自身特点的线上（即互联网）就业信息的发布，招聘形式和流程可以参考专业的人才招聘网站等。统筹城乡就业政策，把农村剩余劳动力转移就业纳入总体规划，逐步、有序、高质地化解“城乡二元”体制的劳动就业困境，让农村劳动力在城乡统一的劳动市场上公开、公平地开展就业竞争，有效避免就业歧视现象的深化。

不同性别的流动人口收入之间也存在较大差异，政府需要加强对流动人口中女性群体的就业关怀，使其有公平的就业机会。关注流动人口劳动力市场中因性别以及依附在性别之上的传统观念、结构歧视（如职业的性别隔离）等因素所造成的收入不平等，以期提高收入分配中的性别公平水平以及全社会的收入分配的公平程度。性别因素在流动人口工资收入差异中起到重要作用，不可否认的是，不同的工作存在不同的性别要求，流动人口大多从事体力劳动工作，流动人口中的男性具有先天生理优势，但也不能完全排除工作“挑选性歧视”。在已经制度化的职业分层上，流动人口中的女性同社会上其他女性一样处于失利的一方，而资源分配的规则则有利于男性。流动人口中的女性在农村家庭里由于家庭资源的利用和参与决策机会的不平等，在总体资源有限的状况下，无法获得平等的受教育机会，这造成其日后无法在就业市场上获得更好的工作，从而在经济生活领域处于劣势，而最终这种整体劣势的社会经济地位又会进一步强化流动人口中的女性在家庭、社会中的弱势地位，如此往复形成一种恶性循环。现实中，经济上刚刚获得独立的流动人口中的女性在职业市场进入、工作性质、工资收入和工作评价等方面遇到明显性别差别化和性别等级化待遇，这些不平等状况会对流动人口中的女性整体发展起到负面作用。流动人口中的女性走出农村，走出家庭，参与社会劳动，一方面，这是一个良好的开始，全新的职业生活、明晰的个人收入促使流动人口中的女性的社会地位、社会心理、家庭地位发生相应变化，这有助于其充分开发利用社会人力资源；另一方面也为流动人口中的女性的自立创造了条件，这是现代社会进步发展的有力证明。

四　加快落实户籍制度改革

当前我国正处于新型城镇化建设的关键时期，把符合条件的农业人口逐步转化为城镇居民势在必行，长期以来形成的与户籍制度相配套的一系列社会制度的调整在短期内难以完成。冒进的大规模城市化非但难以实现相应的目标，还可能适得其反，影响社会稳定。据不完全统计，包括北京在内已经有30个省份出台户籍制度改革方案，具体为河北、河南、山东、山西、陕西、江西、湖南、湖北、广东、广西、黑龙江、吉林、辽宁、重庆、云南、甘肃、青海、福建、江苏、安徽、贵州、四川、新疆、宁夏、浙江、海南、内蒙古、天津、上海、北京，各地普遍提出取消农业户口与非农业户口性质区分。农业户口和非农业户口各自有哪些权益？人口专家、北京大学社会学系教授陆杰华说，农业户口的权益，主要是宅基地和责任田，特别是在城市化过程中，通过拆迁，相关人员可以获得更多的收益；非农业户口的权益主要是依附在户籍上的一些社会福利，包括教育、医疗、就业、保险、住房等方面，因此，户籍制度改革，必须稳妥地、逐步地推进。目前受户籍制度影响最大的群体是那些素质较高的外来人口，这也是融入城市社会愿望最强烈的群体，优先使这部分人在城市中落户，为他们的发展扫清户籍障碍，不但符合这部分流动人口的利益，而且能促进城市社会的发展，提升城市竞争力。同时，户籍制度改革对于城市低端劳动者来说也是有利的。户籍不仅限制了农村人口向城市流动，而且限制了城市居民的流动性，限制了他们寻找更匹配工作的可能性。户籍制度改革意味着给予了城市居民中的一些群体通过流动寻求更匹配的工作的可能性。从这个意义上来说，户籍制度改革的影响是多向度的，解放的不仅仅是户籍对农村人口向城市的流动，同时还有城市人口的流动性，对整个社会来说，这都是有利的。中国特有的户籍制度虽然不再阻碍城乡人口的自由流动，但户籍制度在流动人口进入城镇就业后仍然发挥其分割作用。农业户口与非农户口流动就业人口收入存在巨大差距，说明城乡二元差距并没有随人口流动而消失，只是转移到城市，而加快户籍制度改革能够改善城乡分割的二元体制，为流动人口的就业提供更加良好的外部环境。近些年来针对户籍制度改革的呼声不断，但相应的改革一直停留在表层，没有深入改革附加在户籍制度上的各项制度，所以国家和政府在逐步放开户口的同时，要加强社会管理配套制度改革，进一步深入剥离附着在户口上的不公平福利制度。可以逐步将流动人口统一纳入本地的各项社会管理中，在流入地建立流动人口的登记、管理、社会保障一体化机构体系，实行流动人口管理和服务的“市民化”，促进就业、收入社会保护、基本公共服务的均等化，使流动人口和城镇居民可以在同等的制度平台上获取就业机会和劳动收入。深化城乡户籍制度改革，开放城市劳动力市场，取消对竞争性行业的就业保护和进入门槛，为农村劳动力自由流动营造良好的环境，从而促进劳动力市场的整合和城乡经济统筹发展。

五　建立健全工会组织及其作用

参加了工会的流动人口就业更为规范，这部分人的就业、收入社会保障的程度也就较高，不过总体上看，工会在我国的发育程度尚低，尤其是对于流动人口在城镇企业中的就业、收入的保护作用还没有充分发挥出来。因此，鼓励企业建立工会组织、鼓励流动人口加入工会组织、组织流动人口相互交流并积极参加工会的活动是十分有意义的。同时，我国企业中现有的工会组织还应完善其职能，帮助流动人口解决在城镇工作、生活中的问题，使工会能够做到帮工人说话、替工人做事，千方百计地增加流动人口收入。流动人口在城镇就业的主要目的是赚钱，而赚到钱才是保证他们在城镇安居乐业的基本条件，但是流动人口的收入处在一个较低的水平，大部分流动人口在城镇工作生活最不满意的方面就是收入。所以，一方面，应继续监督和解决流动人口工资的拖欠问题，并不断地适应经济形势提高流动人口的最低工资标准，保障他们的劳动收入可以按时按量的合理发放，应对农民工工资的管理进行加强和规范，最低工资制度要按照国家的规定严格执行，实行小时最低工资标准，向农民工支付的工资不得低于最低工资。用人单位不能以任何理由拒绝执行最低工资标准，不得以任何理由降低外来务工者工资。另一方面，企业也应在政府的引导下规范流动人口的工资水平、加班费用、福利待遇，使流动人口能够劳有所获，并在企业经济允许的情况下适当增加流动人口的劳动待遇，促进他们工作的积极性，争创企业、个人双赢的局面。对于国家关于休息休假的相关规定要严格执行。在休息日和法定假日需安排流动就业人口加班的，要按法律规定支付加班费。对于外来务工人员和本地就业人口要同工同酬，不得对其进行歧视、压榨。企事业单位在经济增长环境下应适时合理提高外来务工者工资。

参考文献

一　外文文献

[1] Becher, Gary, *Human Capital: A Theoretical and Empirical Analysis* (New York: National Bureu of Economic Research, 1975).

[2] Blau, Francine D., Lawrence M. Kahn, "Gender Differences in Pay," *The Journal of Economic Perspectives*, No. 14, 2000.

[3] Maurer Fazio, Margaret, Ngan Dinh, "Differential Rewards to, and Contributions of, Education in Urban China's Segmented Labor Markets," *Pacific Economic Review*, Vol. 9, No. 3, 2004, pp. 173 - 189.

[4] S. Spilerman, "Careers, Labor Market Structure, and Socioeconomic Achievement," *American Journal of Sociology*, Vol. 83, No. 3, 1977, pp. 551 - 593.

[5] Mincer, J., *Schooling, Experience and Earnings* (New York: Columbia University Press, 1989); "Human Capital and the Labor Market: A Review of Current Research," *Educational Researcher*, Vol. 18, No. 5, 1974.

二　中文期刊

[1] 张华初、刘胜蓝:《失业风险对流动人口消费的影响》,《经济评论》2015 年第 2 期。

[2] 张航空、杜静宜:《家庭流动对流动人口家庭成员就业状况的影响》,《人口与经济》2012 年第 5 期。

[3] 王春光：《我国城市就业制度对进城农村流动人口生存和发展的影响》，《浙江大学学报》（人文社会科学版）2006 年第 5 期。

[4] 张肖敏：《农村流动人口就业问题初探》，《学海》2006 年第 2 期。

[5] 王胜今、许世存：《吉林省流动人口的就业特征及其影响因素分析》，《吉林大学社会科学学报》2013 年第 3 期。

[6] 谌晓舟、何岩：《流动人口素质对就业结构的影响——以广东省东莞市为例》，《西北人口》2012 年第 6 期。

[7] 官华平：《流动人口就业稳定性与劳动权益保护制度激励研究》，《西北人口》2016 年第 1 期。

[8] 王箐：《流动人口就业格局的历史演变》，《人民论坛》2014 年第 17 期。

[9] 陈月新：《对流动人口就业中男女平等的思考》，《南方人口》2003 年第 2 期。

[10] 杨凡：《流动人口正规就业与非正规就业的工资差异研究——基于倾向值方法的分析》，《人口研究》2015 年第 6 期。

[11] 吴蕾、张昕：《农业流动人口社区就业意愿研究》，《人口研究》2015 年第 3 期。

[12] 魏万青：《户籍制度改革对流动人口收入的影响研究》，《社会学研究》2012 年第 1 期。

[13] 林李月、朱宇：《流动人口职业流动的收入效应及性别差异——基于福建的实证》，《人口与经济》2014 年第 2 期。

[14] 谢桂华：《中国流动人口的人力资本回报与社会融合》，《中国社会科学》2012 年第 4 期。

[15] 徐愫、田林楠：《流动模式对流动人口收入影响的性别差异》，《河海大学学报》（哲学社会科学版）2016 年第 1 期。

[16] 刘一伟：《职业流动、人力资本对流动人口收入影响及其代际差异》，《西北人口》2016 年第 2 期。

[17] 王蔚：《流动人口消费情况实证研究——对成都市温江区流动人口的调查分析》，《商业时代》2012 年第 6 期。

[18] 王光阵、王蔚：《流动人口消费支出结构初探——以成都市温江区为例》，《经济研究导刊》2013 年第 24 期。

[19] 谭江蓉、徐茂：《城市融入背景下流动人口消费行为的影响因素——以重庆市为例》，《城市问题》2016 年第 1 期。

[20] 王韬、毛建新：《流动人口家庭与城镇家庭的消费差异——基于分位数回归的分析》，《人口与经济》2015 年第 4 期。

[21] 刘妮娜、张汝飞：《新生代流动人口家庭消费水平与消费结构研究》，《消费经济》2013 年第 6 期。

[22] 谭江蓉、杨云彦：《人口流动、老龄化对农村居民消费的影响》，《人口学刊》2012 年第 6 期。

[23] 王曼：《北京务工型流动人口消费行为及策略选择》，《北京工商大学学报》（社会科学版）2004 年第 3 期。

[24] 王琭琳：《子女随迁对流动人口家庭务工地消费的影响》，《劳动经济研究》2015 年第 6 期。

[25] 苏志霞：《流动人口的“消费”功能初探》，《消费经济》1999 年第 3 期。

[26] 孙华、陈力勇：《流入城镇农村人口消费行为分析——基于西安市的调查》，《人口研究》2014 年第 2 期。

[27] 杨菊华：《城乡分割、经济发展与乡－城流动人口的收入融入研究》，《人口学刊》2011 年第 5 期。

[28] 邓曲恒：《城镇居民与流动人口的收入差异——基于 Oaxaca-Blinder 和 Quantile 方法的分解》，《中国人口科学》2007 年第 2 期。

[29] 王朝明、周宗社：《就业流动人口收入差距影响因素的模型估计与政策涵义——基于重庆的经验数据》，《天府新论》2015 年第 1 期。

[30] 栾敬东：《流动人口的社会特征及其收入影响因素分析》，《中国人口科学》2003 年第 2 期。

[31] 孟兆敏、吴瑞君：《流动人口与户籍人口的收入差异及其影响因素——以上海市为例》，《城市问题》2016 年第 6 期。

[32] 谭江蓉：《乡城流动人口的收入分层与人力资本回报》，《农业经济问

题》2016 年第 2 期。

[33] 李萌：《劳动力市场分割下乡城流动人口的就业分布与收入的实证分析——以武汉市为例》，《人口研究》2004 年第 6 期。

[34] 李芳芝、向书坚：《流动人口的收入差距对主观幸福感的影响研究》，《统计与信息论坛》2016 年第 7 期。

[35] 张晓煜、曾姝玮：《城市流动人口收入影响因素的实证分析》，《知识经济》2014 年第 3 期。

[36] 王箐、徐滨昕：《流动人口收入代际差异的影响因素实证分析》，《商业时代》2014 年第 29 期。

[37] 戴霞：《流动人口工资收入影响因素中的性别差异——以厦门市流动妇女为例》，《妇女研究论丛》2005 年第 6 期。

[38] 陈传波、阎竣：《户籍歧视还是人力资本差异？——对城城与乡城流动人口收入差距的布朗分解》，《华中农业大学学报》（社会科学版）2015 年第 5 期。

[39] 谢宝富：《中低收入流动人口居住问题的解决路径》，《城市问题》2015 年第 5 期。

[40] 郑畅：《少数民族流动人口的外出成本对务工收入的影响》，《武汉理工大学学报》（社会科学版）2011 年第 5 期。

[41] 冯虹、王晶：《人口流动与迁移对城市收入分配的影响》，《北京交通大学学报》（社会科学版）2005 年第 1 期。

[42] 段成荣、孙磊：《流动劳动力的收入状况及影响因素研究——基于 2005 年全国 1% 人口抽样调查数据》，《中国青年研究》2011 年第 1 期。

[43] 孙璐、文馨瑶：《湖南流动人口的就业收入状况研究》，《商》2014 年第 2 期。

[44] 李昭、范迪军：《安徽省城乡收入差距与农村人口流动关系的实证分析》，《安徽广播电视大学学报》2013 年第 2 期。

[45] 李芳芝、李超：《流动人口的性别收入差异分析》，《统计与决策》2016 年第 13 期。

[46] 师迎春、王良健：《农民家庭收入变化的人口流动因素分析——以湖南省为例》，《西北人口》2007 年第 5 期。

[47] 王晶：《人口流动对城市收入分配的影响》，《中国劳动》2004 年第 9 期。

[48] 熊美懿、马怀礼、刘清：《农村人口流动与农村居民收入关系的研究——以安徽省为例》，《江苏商论》2014 年第 10 期。

[49] 马秀杰、孙桂平、王玉婷、王天马：《河北省流动人口就业特征及其影响因素分析》，《湖北农业科学》2016 年第 12 期。

[50] 王金营、李庄园：《快速成长城市流动人口对财政支出规模影响研究——以宁波市为例》，《财政研究》2015 年第 12 期。

[51] 胡若痴：《城市化进程中流动人口消费问题探析》，《管理学刊》2012 年第 6 期。

[52] 陈浩天：《城乡人口流动背景下农村地区人情消费的行为逻辑——基于河南省 10 村 334 个农户的实证分析》，《财经问题研究》2011 年第 7 期。

[53] 黄容、毛中根：《劳动力流动对农村居民消费的影响》，《消费经济》2013 年第 4 期。

[54] 杨菊华：《城乡差分与内外之别：流动人口社会保障研究》，《人口研究》2011 年第 5 期。

[55] 原新、韩靓：《多重分割视角下外来人口就业与收入歧视分析》，《人口与经济》2009 年第 1 期。

三　学位论文

[1] 王箐：《流动人口就业代际差异及其影响因素研究》，首都经济贸易大学硕士学位论文，2013。

[2] 岳红波：《流动人口就业问题研究——以昆明市为例》，云南财经大学博士学位论文，2012。

[3] 谢慧言：《吉林省流动人口就业及其影响因素分析》，吉林大学博士学位论文，2015。

[4] 王云娜：《基于上海产业结构调整的流动人口就业研究》，华东师范大学博士学位论文，2008。

[5] 陈双德：《流动人口的就业状况及其影响因素分析——基于2012年江苏省流动人口动态监测数据结果》，南京大学博士学位论文，2013。

[6] 杨艳军：《中国城市劳动力市场分割中流动人口就业问题研究》，武汉大学硕士学位论文，2012。

[7] 应印：《流动人口集中居住对其就业与收入的影响——基于空间失配理论的分析》，浙江大学博士学位论文，2013。

[8] 韦小丽：《福建省流动人口就业问题的分类分区分析》，福建师范大学博士学位论文，2008。

[9] 许世存：《吉林省人口流动与经济社会发展研究》，吉林大学硕士学位论文，2013。

[10] 严毅：《四川省流动人口就业现状及其对策研究》，西南财经大学博士学位论文，2010。

[11] 黄绯：《关于上海流动就业人口收入影响因素的实证研究》，复旦大学博士学位论文，2012。

[12] 杜平：《农村女性流动人口就业的社会性别分析——以天津市农村流动人口调查为基础》，南开大学博士学位论文，2006。

[13] 王常雄：《中国城镇化进程中的城乡统筹与协调发展：人口流动、就业与收入》，苏州大学博士学位论文，2006。

[14] 龚丽云：《上海流动人口就业研究——以浦东新区为例》，上海师范大学博士学位论文，2003。

[15] 赵睿：《东北地区流动人口就业及影响因素研究》，吉林大学博士学位论文，2016。

[16] 田林楠：《流动人口收入性别差异与收入影响因素研究——基于"2012年流动人口动态监测调查"苏浙沪数据》，南京大学博士学位论文，2014。

[17] 吴兴杰：《我国流动人口收入差距与犯罪率的实证研究》，浙江大学硕士学位论文，2010。

[18] 叶淑萍：《吉林省流动人口收入状况及影响因素分析》，吉林大学博士学位论文，2015。

[19] 郭欣欣：《流动人口就业与收入社会保护现状及其影响机制分析——以福州市为例》，福建师范大学博士学位论文，2010。

[20] 王芳：《云南省人口流动的收入效应分析——基于城乡劳动力市场构建角度》，云南大学博士学位论文，2015。

[21] 孟小会：《我国流动人口与城镇居民收入差距的影响因素研究》，南京财经大学博士学位论文，2014。

[22] 马少晔：《基于劳动力流动视角的城乡收入差距及影响因素再检验》，南京农业大学硕士学位论文，2011。

[23] 陈光普：《中国劳动力流动与城乡收入差距研究》，中国社会科学院研究生院博士学位论文，2012。

[24] 谭苏华：《流动人口家庭消费的空间差异和影响因素研究》，福建师范大学博士学位论文，2015。

[25] 孟庆洁：《上海市外来流动人口的生活方式研究》，华东师范大学硕士学位论文，2007。

[26] 徐志旻：《进城农民工家庭消费行为研究——以福州市区为例》，福州大学博士学位论文，2004。

[27] 黄容：《农村劳动力流动对农村居民消费的影响研究》，西南财经大学硕士学位论文，2014。

[28] 颜品：《就业、工资和技术进步——外来人口对城市劳动力市场的影响研究》，南开大学硕士学位论文，2014。

[29] 宋玉：《江西省流入人口的就业特征及其影响因素研究》，江西财经大学博士学位论文，2015。

[30] 温林林：《河北省流动人口文化素质及其对就业质量影响研究》，河北大学博士学位论文，2013。

[31] 王海宁：《就业、工资和福利权益：中国城市劳动力市场上的外来人口》，南开大学硕士学位论文，2012。

[32] 黄笑微：《人口流动、人力资本积累与收入分配——对 Lucas（2004）

模型的一个扩展》，华中科技大学博士学位论文，2009。

[33] 仝俊杰：《河南新型城镇化中的人口流动与就业机会》，河南科技大学博士学位论文，2015。

[34] 侯贺文：《产业结构升级背景下的青岛市流动人口就业研究》，青岛科技大学博士学位论文，2014。

[35] 马晨晨：《城市化进程中流动穆斯林人口就业现状的实证研究——以包头市为例》，天津理工大学博士学位论文，2012。

图书在版编目（CIP）数据

中国流动人口经济融入问题研究 / 侯建明著. -- 北京：社会科学文献出版社，2018.1
ISBN 978-7-5201-1999-3

Ⅰ. ①中… Ⅱ. ①侯… Ⅲ. ①流动人口-研究-中国
Ⅳ. ①C924.24

中国版本图书馆 CIP 数据核字（2017）第 314609 号

中国流动人口经济融入问题研究

著　　者 / 侯建明

出 版 人 / 谢寿光
项目统筹 / 恽　薇　高　雁
责任编辑 / 冯咏梅　王春梅

出　　版 / 社会科学文献出版社 · 经济与管理分社（010）59367226
地址：北京市北三环中路甲 29 号院华龙大厦　邮编：100029
网址：www.ssap.com.cn
发　　行 / 市场营销中心（010）59367081　59367018
印　　装 / 北京季蜂印刷有限公司

规　　格 / 开 本：787mm × 1092mm　1/16
印 张：13.25　字 数：178 千字
版　　次 / 2018 年 1 月第 1 版　2018 年 1 月第 1 次印刷
书　　号 / ISBN 978-7-5201-1999-3
定　　价 / 75.00 元